PEDAGOGÍA
DEL IDEAL

COLECCIÓN: PEDAGOGÍA KENTENIJIANA N°2

**EL ESTILO PEDAGÓGICO KENTENIJIANO.
PEDAGOGÍA DEL IDEAL**

P. Rafael Fernández de A.

N° Inscripción: 244.031
ISBN: 978-956-246-740-7

© **Editorial Nueva Patris S.A.**
José Manuel Infante 132
Teléfono: 2235 1343 - Fax: 2235 8674
Providencia, Santiago - Chile
E-mail: gerencia@patris.cl
www.patris.cl

Diseño/Diagramación:
M. Constanza Martínez M.
Alberto Siredey D.

Impreso por:
Dimacofi Servicios S.A.
Agosto, 2014
Chile

El Estilo
Pedagógico
Kentenijiano

PEDAGOGIA DEL IDEAL

P. Rafael Fernández de A.

PRESENTACIÓN

El primer libro de la serie Pedagogía Kentenijiana, se refirió en general al sistema pedagógico del P. Kentenich y, más específicamente, al ethos del educador.

La gran meta que domina el horizonte pedagógico kentenijiano, es la formación de "un hombre nuevo en una nueva comunidad", ambos como concreción del hombre nuevo creado en Cristo Jesús (cf Ef 2, 15).

Esta meta "supratemporal", válida para todos los tiempos, adquiere una modalidad propia cuando se la considera a la luz de los signos del tiempo. De esta forma van apareciendo acentuaciones que se desprenden de los desafíos propios de cada época y que confieren al hombre nuevo un sello original.

El hombre nuevo que propone el fundador de Schoenstatt, responde a los anhelos que palpitan en el alma moderna: anhelo de libertad, de solidaridad y fraternidad; de armonía entre lo divino y lo humano. Por otra parte, quiere dar respuesta a las fuertes corrientes culturales de despersonalización y masificación de la persona y al deterioro de las relaciones interpersonales que se constatan en la cultura actual.

En este contexto se comprende la triada que conforma el núcleo del sistema pedagógico kentenijiano, a saber: la pedagogía del ideal, de vinculaciones y de alianza. Este triple eje conforma un solo proceso pedagógico. Si bien se puede distinguir metodológicamente las tres dimensiones mencionadas, estas no se pueden separar, pues entre ellas se da una constante interacción.

- *La pedagogía del ideal aborda la tarea de formar un hombre movido por altos ideales, marcadamente personalizado, plenamente libre.*

- *La pedagogía de vinculaciones responde a la formación de un tipo de hombre integrado comunitariamente, que supera el individualismo que impera en el mundo actual.*

- *La pedagogía de la alianza responde a la necesidad de formar personalidades profundamente ancladas en el mundo sobrenatural.*

Según la pedagogía del ideal el educador motiva a las personas para que se abran a los verdaderos valores evangélicos, que se decidan libremente por ellos y los lleven a la vida en forma coherente y eficaz. Orienta positivamente, mostrando metas que enaltecen; moviliza a quienes acompaña a fin de que realicen en el grado más alto posible su misión de vida.

La pedagogía del ideal, al mismo tiempo, desenmascara los antivalores.

La pedagogía de vinculaciones responde al hecho que la persona está llamada a crecer y desarrollarse en la medida que establezca vínculos personales. Se descubre a sí misma en relación al tú, recibiendo y dando amor. Por eso, el educador motiva a que los educandos se integren en una red de vínculos personales.

Así como la araña para existir y subsistir necesita tejer una telaraña, así también el hombre encuentra su plena realización en la medida que se hace parte activa de una red de vínculos.

La pedagogía de alianza se refiere al acompañamiento y ayuda que presta el educador para que la persona y la comunidad lleguen a estar hondamente enraizados en la realidad sobrenatural. Consciente de que el camino pedagógico más apto y rápido para lograrlo es fomentar el vínculo personal con María, la Compañera y Colaboradora del Señor, pone en práctica lo que llamamos pedagogía de la alianza o pedagogía mariana.

Estando en Milwaukee, el fundador de Schoenstatt insiste en la interrelación de esta triada pedagógica. Explica:

Esta triada de estrellas nos ha conducido, desde el principio de forma segura y victoriosa, a través de todos los escollos de los tiempos. Ella pretende cumplir y cumplirá en el futuro esa misma función, si es posible con mayor alcance y perfección todavía. Siempre la hemos considerado y aplicado como una unidad consistente, aun cuando no siempre hayamos mencionado de un solo aliento las partes que la integran. (...)

Como el reloj de los tiempos avanza a gran velocidad, acelerando la disolución de todas las relaciones vitales, hasta llegar al nihilismo, haremos bien en ver y anunciar en el futuro estas tres estrellas de forma cada vez más consciente como una totalidad y en su relación recíproca[1].

---

1 José Kentenich, *El hombre redimido, 1935, en Textos Pedagógicos, Una presentación de su pensamiento en textos,* editada por Heriberto King, Tomo 5, p. 124.

Mi exigencia se refiere a algo incomparablemente superior: cada uno de nosotros ha de alcanzar el mayor grado posible de perfección y santidad, según su estado. No simplemente lo grande, ni algo más grande, sino precisamente lo más excelso ha de ser el objeto de nuestros esfuerzos intensificados. Ustedes comprenderán que me atrevo a formular una exigencia tan extraordinaria sólo en forma de un modesto deseo.

(PK, Acta de Fundación, 1914)

I. DESCRIPCIÓN GENERAL DE LA PEDAGOGÍA DEL IDEAL

Teniendo en cuenta lo expuesto, podemos ahora mirar más de cerca la pedagogía del ideal. Mencionamos diversos aspectos generales que la caracterizan.

En primer lugar, nos referimos al hecho de que la pedagogía del ideal es una pedagogía marcadamente positiva.

En segundo lugar, que es una pedagogía antimasificación.

Posteriormente explicaremos que la pedagogía de ideal abarca no sólo el ideal de personalidad sino también el ideal de tarea o misión.

Por último, nos referiremos a que la pedagogía del ideal comprende tanto el ideal de la persona como el ideal comunitario.

1. Una pedagogía marcadamente positiva

La pedagogía del ideal es una pedagogía marcadamente optimista. Muestra en primer lugar lo positivo. En una jornada dictada en 1935, el P. Kentenich aborda esta dimensión explicando la educación en el sentido del ideal personal. Dice así:

> *El ideal personal actúa de forma positiva.* Si tomamos expresiones de la medicina, podemos distinguir entre un procedimiento quirúrgico y un procedimiento curativo.
>
> *Procedimiento quirúrgico.* En este procedimiento, nuestras inclinaciones y pasiones son simplemente extirpadas. Pero proceder así es erróneo. Así lo sentimos. En efecto, Dios nos ha dado las pasiones como ayudas y apoyos. Por eso, el sentido de la educación no es extirpar sino ennoblecer. No obstante, a veces tenemos la impresión de que, en el mundo educativo, algunos entendiesen la expresión que habla del "despojarse" del hombre viejo como si pensaran que educar consiste en un constante negarse a sí mismo. Pero la frase dice: "despojaos" y "revestíos". La actividad principal tiene que consistir en el revestirse.[2]
>
> *Procedimiento curativo.* Este a su vez puede ser de dos tipos: alopático u homeopático. Puedo procurar que se eleve el bienestar general del

---

2 José Kentenich, *Informe de Norteamérica, II, 1948,* en *Textos pedagógicos,* op. cit., p. 365.

cuerpo o que una parte determinada que está enferma recupere la salud siendo aislada en cierto modo respecto de las partes sanas. En el primer caso, tenemos el procedimiento positivo y, en el segundo, el negativo. Del mismo modo debemos distinguir también en la ascética un procedimiento positivo y uno negativo.

Procedimiento curativo negativo. En el caso en que el alma está apegada a algún valor aparente, este procedimiento se esfuerza por desenmascararlo y desvalorizarlo. Supongan que estoy apegado desordenadamente a una criatura, tal vez, a una muchacha. Puede ser también, por ejemplo, que esté apegado al cigarro. Ahora quiero superar ese apego desordenado. Tengo entonces dos posibilidades: puedo obnubilar ese valor al que estoy apegado. Y puedo procurar que quede eclipsado. Obnubilar: me digo "vanidad de vanidades". El hombre es hombre. Es polvo y ceniza. Así, obnubilo el valor al que estoy apegado.

El otro tipo es el *procedimiento positivo: un eclipsamiento.* De mañana, mientras el sol no ha despuntado todavía, veo toda una cantidad de estrellas. Pero cuando ha salido el sol, las estrellas desaparecen, ya no me impresionan más. Así, cuando se presentan las inclinaciones desordenadas, yo podría eclipsar también mi apego a las criaturas disponiéndome a amar con todo el fervor de mi alma al bien superior, a Dios mismo.

El Señor y los santos han aplicado estos dos métodos. Pero han colocado ampliamente en primer plano el método positivo.

Consideren las exigencias que plantea el apóstol Pablo en la tercera parte de la Carta a los romanos. ¡Qué positiva es la forma y la formulación que él da a todo lo que dice!

No obstante, el Señor aplica también el método negativo. Pero, en general, notarán ustedes cómo él y los apóstoles son en su totalidad traductores del método positivo. *Ellos quieren hacer despuntar soles a fin de que, a la luz de esos soles, el hombre sea atraído hacia lo alto.* Por tanto, para nuestro caso personal, deberíamos tener en cuenta lo siguiente: en general, pero en especial considerando la realidad de la humanidad actual, *tomando en cuenta la estructura cultural actual, que está tan desarraigada, que tiene tan poca capacidad de mirar positivamente hacia lo alto, tenemos que acentuar con mucha fuerza el método positivo. (...)*

Y si ya somos de más edad, deberíamos, en cualquier caso, dar preferencia al método positivo. Puesto que, a esa edad, *ya no reaccionamos tan fuertemente al método negativo. Tenemos que encender una gran luz:* entonces las cosas negativas se superan y abandonan rápidamente. Si nos colocamos bajo el fulgor de esa gran luz, siempre puede extraerse todavía muchísimo de nosotros.

Si nos hemos vuelto débiles y estamos cansados, si no tenemos más dinamismo interior que quiera poner el alma en movimiento, *todavía podremos extraer lo mejor de nosotros mismos a través de un luminoso ideal.* Por eso, más pedagogía de ideales. Más disposición positiva. Más actuación y lucha positiva. Podemos aplicar este procedimiento positivo casi de forma extrema en un tiempo de disgregación de las fibras del alma humana.

Y no deben tener temor de caer en falta de humildad o en liviandad. De otro modo, perderán de vista el gran contexto orgánico. (*El hombre Redimido, 1935, en Textos Pedagógicos,* op. cit. pp.365-367)

2. Pedagogía del ideal: una pedagogía anti-masificación

El educador está llamado a dominar el arte de mostrar a cada persona y a cada comunidad su propio valor. Ayuda a descubrir los talentos que Dios ha puesto en cada uno, los despierta y fomenta. Entusiasma por los más altos ideales, pues el Señor nos llama a remontar las cumbres. Su consigna es: "Sed perfectos como vuestro Padre de los cielos es perfecto" (Mt 5, 48).

Y porque Dios pensó en grande al hombre en general y a cada persona en particular; porque él nos dignificó y confirió grandes tareas, *el educador se esmera por presentar valores e ideales que enaltecen y despiertan lo mejor que él puso en el corazón de cada persona.*

La pedagogía del ideal se empeña así en superar el tipo de hombre que genera nuestra cultura: sin yo, que no se posee a sí mismo ni sabe usar su libertad.

Sabe que hay que ganar al hombre desde dentro por los ideales; motivándolo para que, haciendo uso de su libertad –el don más grande que Dios le concedió al crearlo– se decida por ellos. Quiere sacarlo así del anonimato de la masa, enalteciendo y estimulando una actitud magnánima.

De esta forma, trata de vencer el tipo de hombre masificado, que no sabe decidir por sí mismo, que ha perdido la conciencia de la propia dignidad y que, con frecuencia, se experimenta como un ser a la deriva, sin un norte claro.

3. Ideal de personalidad e ideal de tareas

Este ideal, o conjunto de valores que posee el hombre nuevo, encuentra una concreción en cada individuo. Cada persona es objeto de una elección, de una gracia y de una tarea especial en el Cuerpo de Cristo[3]. El P. Kentenich distingue, en esta línea, entre lo que denomina ideal de personalidad e ideal de tarea.

Cuando habla de "ideal de personalidad" se refiere a que *la persona está llamada a alcanzar una plenitud en sí*

---

3 Sobre el tema del ideal personal se puede consultar el libro *"Somos Historia por Hacer"*, editado por Editorial Nueva Patris, Chile

misma, de acuerdo a los talentos que Dios le ha regalado. De allí que el educador tenga la misión de ayudar a que se formen personas verdaderamente autónomas, libres y auténticas. Personas de carácter, que aspiren libremente a lo más alto en su autorrealización.

Al mismo tiempo, esa persona está llamada a proyectarse en una tarea o misión personal. Por eso se habla de un "ideal de tarea". Son dos caras de una misma realidad, ya que la personalidad se vuelca a realizar tareas y las tareas que realiza refuerzan su personalidad.

En este sentido, el educador, aplicando la pedagogía del ideal, trata de encender en los educandos una fuerte conciencia de misión: *ellos no sólo tienen que "ser" algo grande, sino también deben "hacer" grandes cosas.*

Hay que distinguir, aclara el P. Kentenich, entre un ideal de personalidad y un ideal de tareas.

Ideal de personalidad: a Dios le gustaría que mi corazón tuviese más riqueza; que mi entendimiento estuviese más clarificado. Así pues, aquí está más en primer plano mi personalidad. ¡Auto santificación!

Ideal de tareas: aquí está en primer plano la tarea que Dios me ha dado. Dios me ha plasmado de este modo para una tarea que debiera realizar y cumplir.

Bajo la denominación de ideal personal entendemos ambas cosas.

Esto reviste gran importancia debido a la interacción entre estas dos dimensiones. Consideren un poco la interacción entre personalidad y tarea. Me educo para una tarea y soy también educado por una tarea. En la mayoría de los casos, los adultos somos formados más por tareas que por un trabajo directo en nuestra propia persona. (...)

Hay que cuidar que haya grandes ideas, grandes tareas, grandes metas. Eso ayuda no sólo al ideal personal sino que regula también a la persona entera de forma orgánica. El que es un maestro en la educación sabe qué es lo que hay que destacar de ambos ideales: unas veces se debe poner en primer plano la tarea, otras, la personalidad del educando. (1935)[4]

La "conciencia de misión" ejerce una gran fuerza dinamizadora y creadora en las personas, despliega potencialidades que estaban latentes y que se despiertan vigorosamente cuando la persona es requerida por una tarea. El adagio "la tarea hace al hombre" expresa acertadamente esta realidad. Si sólo hubiese orientación hacia el "ideal de personalidad" se corre

---

4 Agrega en otra ocasión:

¿Qué se entiende [por ideal personal]? Dos respuestas que se complementan entre sí: un ideal de personalidad y un ideal de tareas. Los que han crecido con la Familia, también con la confrontación intelectual en el ámbito público, recordarán cómo Lindworsky atacó en su tiempo nuestro ideal personal, es decir, nuestra doctrina de los ideales, pero sólo porque la había concebido de manera totalmente errónea. Pensó que sólo entendíamos por ideal un ideal de la personalidad, y no también un ideal de tareas. Era un error. *(Semana de octubre de 1951)*

el peligro de la autosuficiencia y del estancamiento. Cuando brilla la luz de grandes tareas, entonces esa autoformación adquiere sentido, moviendo aún con mayor fuerza al educando a superarse a sí mismo por la causa con la cual está comprometido.

No se trata sólo de tener en vista una tarea. La persona tiene que llegar a estar "poseída" por el ideal y la misión a los cuales consagra su vida. Muchos ejemplos, sobre todo en la juventud, muestran cómo la actividad misionera y otras tareas apostólicas son capaces de generar una energía de compromiso, de heroísmo y de realizaciones extraordinariamente potentes.

Las tareas exigen. Y la exigencia es relevante en una pedagogía del ideal. Si se persiguen grandes metas y se tiene ante sí la tarea de construir algo nuevo e importante, si el educador muestra exigencias que se asumen libremente y con entusiasmo, entonces congregará en torno a sí a personas realmente valiosas e idealistas. En el caso contrario congregará personas que se guían por la ley del mínimo esfuerzo, en último término, personas mediocres.

Por esto, la pedagogía del ideal se orienta a educar discípulos misioneros, apóstoles comprometidos con Cristo Jesús en la construcción del Reino de Dios aquí en la tierra. Personas que se sienten enviadas por él a trabajar en su viña, sea al interior de la comunidad eclesial o en la transformación del mundo temporal.

La causa de Cristo nos requiere por entero. Este es el fuego que tiene que saber encender la pedagogía del ideal. Esta quiere formar un tipo de hombre que se sabe portador de una misión, que está llamado a dejar una huella en el mundo y a dar un fruto que permanezca.

4. Ideal de comunidad

No sólo distinguimos un ideal de personalidad y un ideal de tareas, sino también un ideal de comunidad. Así como el educador ayuda a que la persona descubra y desarrolle su ideal personal, de modo análogo, si tiene como encargo una comunidad, su tarea consiste en captar el "alma" de esa comunidad y ayudar a sus miembros a que desarrollen su carisma propio, asumiendo la tarea que Dios les ha asignado en la sociedad y en el Cuerpo de Cristo, que es la Iglesia.

El ideal de comunidad se refiere a que cada comunidad, suscitada por Dios, tiene que adquirir y fortalecer su propia identidad, congregando en una unidad de vida, de corazones y de tareas a los miembros que la componen, cultivando el conjunto de valores que conforman su identidad y llevando a cabo las tareas que implica su misión propia, en bien de la Iglesia y la sociedad.

Existen diversos tipos de comunidades. El grado de compromiso comunitario junto con la permanencia vocacional de la comunidad en el tiempo, orientan el grado de significación del ideal para sus miembros.

Si nos referimos a un ideal de comunidad, pensamos en primer lugar en una pedagogía que fomente la búsqueda y conquista del ideal de la célula de la familia. La familia natural es la comunidad base de la sociedad y de la Iglesia.

Así como la persona posee una identidad genérica de acuerdo a su orden de ser, así también la familia, de acuerdo al plan de Dios, posee un carácter propio. Cada persona experimenta hoy la despersonalización y masificación reinantes y, en forma muy especial lo sufre cada familia. Son evidentes el poder y la acción de las corrientes culturales que generan la desintegración y pérdida de identidad.

La pedagogía del ideal posee, por tanto, una misión central: ir al rescate de la familia natural, fortaleciéndola con decisión.

La pedagogía del ideal constituye así una tarea prioritaria para la sociedad y la Iglesia, para poder contar mañana con una Iglesia renovada y una sociedad más humana. No se trata tan sólo de proclamar "la verdad sobre la familia" y denunciar todo aquello que la amenaza y destruye. Se trata de presentar el ideal de la familia, de forma que cada familia asuma los valores que este ideal entraña.

En el seno de la Iglesia encontramos, además, múltiples comunidades a las que Dios les ha regalado diversos carismas. Su consistencia comunitaria y la fecundidad de su misión apostólica dependen especialmente del cultivo consciente de su identidad. *Toda renovación de la Iglesia, hoy más necesaria que nunca, está supeditada al hecho de que las comunidades que la conforman, cultiven conscientemente su propio carisma, haciéndolo fecundo en las tareas que asumen, tanto en la Iglesia como en la sociedad.*

El carisma es una gracia dada por Dios. La Iglesia, especialmente a partir del concilio Vaticano II, ha hecho un llamado a todas las comunidades eclesiales a redescubrir su originalidad, su carisma, a fin de que se supere el desgaste propio del tiempo y se adecuen al cambio de época que vivimos. Sin un trabajo pedagógico explícito en este sentido, están expuestas a anquilosamiento y finalmente a su desintegración.

Por otra parte, la Iglesia ha apoyado con claridad todas las nuevas comunidades eclesiales que se han gestado en nuestro tiempo, apreciando su carisma y misión propia como factor de renovación de la vida de la Iglesia. Son comunidades que han sido captadas por sus ideales y poseídas de una poderosa conciencia de misión

Educadores que ayuden a que estos procesos se lleven a cabo son determinantes. Estos deben ser, por excelencia, educadores captados por el ideal de la comunidad a la que sirven, y diestros en llevar a esa comunidad a tomar conciencia de la identidad y misión que posee.

Otro tipo de comunidades que revisten especial importancia son las instituciones de la enseñanza básica, media y superior. Los educadores y maestros no se limitan sólo a capacitar e instruir, sino que deben saber poner en primer plano el tipo de personas y de comunidad que aspiran formar, humana y profesionalmente.

Junto a estas comunidades escolares existen múltiples agrupaciones de orden social, laboral, político, cultural, etc. Algunas más permanentes que otras y de muy diverso carácter. Sin embargo, análogamente, en cada una de ellas debiera darse la educación según la identidad y tarea que les son propias.

En relación a la pedagogía de ideal, notemos, por último, *que es preciso precaverse de confundir un ideal con un lema o simple slogan.* Este orienta una determinada actividad o meta comunitaria por un cierto tiempo. Tampoco se debe confundir el ideal con un tema relevante que puede ocupar a una comunidad durante un período de tiempo específico.

5. Las cinco dimensiones de la pedagogía del ideal

La pedagogía del ideal, según el padre Kentenich, abarca diversas dimensiones. Estudiarlas nos permite captar con mayor profundidad su significado.

En un curso pedagógico de 1952, el fundador de Schoenstatt las describe del siguiente modo:

> Si hablamos ahora de la pedagogía de ideales, sabemos que despliega su acción en cinco ramificaciones.
>
> *Primero,* pedagogía de ideales es *pedagogía de magnanimidad,* no pedagogía de deberes.

Segundo, pedagogía de ideales es *pedagogía de actitudes*, en contraposición con la mera pedagogía de prácticas.

Tercero, pedagogía de ideales es *educación a la humildad*, y, en modo alguno, educación al sentimiento de inferioridad.

Cuarto, pedagogía de ideales es *educación a la alegría*, no educación a la tristeza.

Quinto, pedagogía de ideales es, en última instancia, *educación de libertad* y no educación coercitiva.

He ahí ante nosotros un sistema consistente y de gran magnitud que fue erigido, a lo largo de los años, con serio afán científico y práctico. (*Terciado de Brasil, 1952*)

En su Jornada Pedagógica de 1950, el P. Kentenich había expuesto lo mismo, aunque mostrando las cinco dimensiones en un orden levemente distinto:

La pedagogía de ideal comprende en sí las siguientes pedagogías: Frente a una pedagogía de meros actos exteriores nosotros proponemos una pedagogía de actitudes; frente a una pedagogía de puro cumplimiento del deber, una pedagogía de magnanimidad. Frente a una pedagogía arrogante y autosuficiente, una de humildad; frente a una pedagogía coercitiva, una pedagogía de libertad; frente a una sombría pedagogía de tristeza, una de alegría.

Como ven, ante nuestra mirada se despliega un mundo inmenso. No crean que estamos haciendo un juego de palabras, no; estos términos designan realidades muy concretas y reflejan una experiencia de alrededor de cuarenta años en los cuales se ha ensayado, estudiado y meditado.

Abordamos a continuación tres de estas dimensiones: pedagogía de actitudes, pedagogía de magnanimidad y pedagogía de humildad.

La pedagogía de libertad se trata en otro volumen de esta colección. La pedagogía de alegría impregna todo el sistema pedagógico del P. Kentenich: se incluye ampliamente en la pedagogía de ideales y en la pedagogía del amor y la alianza. Es el fruto de una pedagogía positiva, que pone en práctica el amor, como ley fundamental del actuar pedagógico.

6. El fuego se enciende con fuego

Al concluir estas explicaciones generales sobre la pedagogía del ideal, cabe destacar una vez más la necesidad o requisito de que, ante todo, el educador *debe ser él mismo un idealista*, alguien que aspire a lo alto, que quiere construir un mundo nuevo. "No se enciende un fuego con un trozo de hielo". Si estamos captados por el mundo de los ideales que nos muestra el Evangelio; si nos entusiasma luchar por forjar un nuevo tipo de hombre cristiano y hacer un aporte decisivo a la renovación de la Iglesia y del mundo, entonces nos será fácil entusiasmar a otros por estos ideales. Como educadores, nuestra propia realidad constituye un factor decisivo en nuestro actuar pedagógico.

Sin embargo, esto no quiere decir que ya debamos haber alcanzado el ideal o que debamos ser "perfectos". De ningún modo. Siempre estaremos en camino y una y otra vez caeremos y nos apartaremos del ideal. Lo importante es que no claudiquemos; que con humildad lo reconozcamos y pidamos perdón al Señor; y que siempre tengamos el valor de comenzar de nuevo. También así mostramos el ideal a los nuestros.

Mostramos también ideales en la medida en que ponemos a los nuestros en contacto con personas y comunidades que encarnen los ideales a los que aspiramos. El testimonio vivo entusiasma y hace que las personas se sientan identificadas y atraídas por el mundo que perciben en ellas, por la alegría y la paz personal.

La pedagogía del ideal *considera mostrar los valores positivos y entusiasmar por ellos*; pero, *al mismo tiempo, desenmascarar los antivalores*; es decir, aquello que en una primera instancia atrae como algo valioso, pero que, visto más profundamente, es un antivalor, un "ídolo".

De esta forma, la pedagogía del ideal enaltece a la persona, haciéndola mirar hacia lo alto, pero también sabe cultivar un sano espíritu de crítica, de descontento e inconformismo; libera de las ataduras, de todos esos múltiples lazos que subyugan y esclavizan nuestro yo. Sin embargo, esto no es el centro de su preocupación, pues, para desvanecer el brillo de las estrellas, más vale hacer salir el sol que tratar de ir tapando el brillo de cada una de ellas. La fuerza y la luz del sol del ideal, disipan las pequeñas luces que en la oscuridad parecieran brillar como un sol.

Si hablamos de una pedagogía del "ideal" debe tenerse claramente en cuenta que no se trata de exigir la "perfección", es decir, un comportamiento ideal, a las personas que se tiene a cargo, de modo que muestren siempre una conducta "impecable".

Esto Dios mismo no lo exige: basta considerar por un momento la elección que hizo el Señor de sus colaboradores más estrechos, los apóstoles. O atender a las palabras de san Pablo: "Dios ha elegido la nada de este mundo" (Cf I Cor 1, 25 ss.).

La pedagogía del ideal se opone a una pedagogía rígida, que exige una perfección ética, que busca educar planteando obligaciones, que requiere su cumplimiento exacto y que valora a los suyos de acuerdo a ese cumplimiento. Esta forma de educar, normalmente conduce a un comportamiento farisaico o al formalismo, fomentando la neurosis de las personas.

La perfección en el amor, ideal de la perfección cristiana, por cierto también es extraordinariamente exigente, porque llama a darse por entero, heroicamente, en el servicio a los hermanos y la renuncia a todo egoísmo. Pero el ideal, y lo que este pide, son siempre proporcionales a la naturaleza del sujeto y de la comunidad. Lo que reviste mayor importancia no es tanto la consecución del ideal sino el esfuerzo consecuente y coherente, es decir, la lucha por alcanzarlo.

Toda la actividad pedagógica del fundador de Schoenstatt estuvo siempre guiada por la pedagogía del ideal. En el Anexo I se encontrará algunos textos que dan cuenta de ello.

Si queremos educar de acuerdo a la época tenemos que saber con claridad que nos encontramos ante un cambio cultural radical. (PK)

Los valores deben también lograr captar nuestra afectividad, nuestros instintos, nuestro corazón. Al hacerlo, esos valores contarán con un arraigo profundo en nuestro ser.

II. PEDAGOGÍA DEL IDEAL COMO PEDAGOGÍA DE ACTITUDES

1. Marco en el cual se mueve la pedagogía de actitudes

1.1. Lo que busca superar la pedagogía de actitudes

Para comprender mejor la pedagogía de actitudes, consideramos primero de forma sucinta la pedagogía a la cual se opone. Por contraste, se hará más claro lo que se destaca en esta dimensión de la pedagogía del ideal.

> • *Es una pedagogía que fomenta actitudes, opuesta a una pedagogía centrada en actos o prácticas, que carecen de una motivación y de una conexión entre ellas*. Por eso, en un medio adverso, dichas prácticas con facilidad son dejadas de lado. De esta forma la pedagogía de

actitudes quiere superar todo tipo de "amaestramiento" formalista, donde las formas o costumbres que se generan no son asumidas "desde dentro" por las personas.

• La pedagogía de actitudes resguarda la originalidad de las personas. Se opone *por eso a una pedagogía que mantiene y cultiva formas anquilosadas, añejas, que no responden ni toman en cuenta el cambio cultural que ha sufrido el mundo.* En este mismo sentido, se opone también a una pedagogía de repetición de un cliché, de un molde que hay que imitar de forma mecánica, pasando por encima de la sensibilidad u originalidad propia de las personas y de la comunidad.

• La pedagogía de actitudes tiene en cuenta que educar es un proceso que toma tiempo. Por eso se *opone a una pedagogía de "eventos" o de la discontinuidad, donde no existe coherencia o una línea de motivación de parte del educador que garantice la realización de un proceso educativo.* Actos, por más buenos que sean en sí mismos, no generan actitudes. Cuesta que se comprenda que el proceso educativo es lento y que debe ser continuo. Los eventos o la repetición de actos, pueden ser positivos para reforzar un proceso, pero eventos inconexos, no forman, generan, más bien, personas cambiantes, que se dejan mover por cualquier viento de doctrina u opiniones, que son inestables.

• La pedagogía de actitudes toma en cuenta nuestra esfera afectiva. Se opone *así a una pedagogía que trabaja con ideas, ideales o valores objetivos sin que estos arraiguen y lleguen a echar raíces en la afectividad, captando las fuerzas o impulsos que existen en el alma, en el corazón de la persona y de la comunidad.* Por esto, la pedagogía de actitudes se opone a una pedagogía centrada en las prácticas de piedad, ritualistas y moralistas que a menudo toman distancia de la esfera sensible, de las pasiones e instintos.

1.2. El peligro de los "moldes" o del cliché

Profundizando lo recién expuesto, nos detenemos a considerar la pedagogía de actitudes más en particular. Lo que esta pedagogía persigue es respetar la dignidad de la persona y considerar realmente su originalidad y autonomía como persona libre, capaz de decidir por sí misma y de realizar lo decidido. Se aleja de este modo de todo tipo de formalismo o de clichés en la educación.

Llama la atención, en este sentido, cómo el P. Kentenich asume una clara posición contra todo lo que pueda "oler" a repetir un molde o a tratar de imponer a las personas algo que ellas no han asumido libremente. Rechaza todo tipo de actuar pedagógico que violente las conciencias y someta a quienes tiene a su cargo, "adiestrándolos", sugestionándolos o encasillándolos en moldes preconcebidos.

En la *Semana de Octubre de 1951* explica:

> Esta mañana (...) he podido traerles a la conciencia cómo en su momento se desarrolló en mí el concepto, toda la ideología, todo el sistema del

ideal personal. Detrás de ello estuvo siempre el afán de proteger a la juventud que me estaba confiada, de una práctica de imitación propia de esclavos. Ni siquiera el revivir la vida de los santos está al resguardo del peligro de suscitar el desarrollo de un impersonalismo, de criar esclavos, borregos, no personalidades vigorosas.

Somos personas, cada cual es un mundo en sí mismo, irrepetible, único y original. Estamos llamados a ocupar en el mundo un lugar propio y a cumplir una misión propia. Cada uno de nosotros encierra en sí un germen, una semilla, con la potencialidad para llegar a ser lo que Dios pensó de nosotros al crearnos. *El educador se asemeja al jardinero, que prepara y abona el terreno, que lo riega y cuida con amor para que brote la semilla, que le proporciona luz y alimento y, después, pone un tutor al árbol que ha surgido de esa semilla, y lo poda para que dé más fruto. Pero no es él quien fabrica la semilla ni es él quien determina qué fruto debe dar. Él puede ayudar pero nunca manipular.*

Por lo tanto, el educador no se amarra a moldes preestablecidos o clichés, pasando por encima de la originalidad e individualidad propias de los suyos.

El molde crea un tipo de hombre masificado, genera una persona y una comunidad donde no reina el respeto por la individualidad. Todo ello contraviene el plan divino. Dios no nos hizo en serie.

Será fácil influir en el tipo de hombre masificado que reina hoy, llevando a cabo una pedagogía masificadora, aunque sea a un nivel superior, es decir, en el ámbito de una comunidad religiosa.

Hoy esto resulta aun más posible, dado que el tipo de persona que genera el medioambiente carece de solidez y, por ello, muchas veces, es incapaz de ordenar interiormente su personalidad. "Acumula" virtudes o comportamientos, sin que se dé en ellos una coherencia interna, de forma que se integren en su núcleo personal.

Son muchas las deformaciones que se han dado en este sentido en el campo de la educación de la fe, como producto de una forma de educar moralista. O, en otros casos, cuando el educador "subyuga" a quienes tiene a su cargo, imponiéndoles un "ideal" fabricado por él mismo o fruto de una ambición personal encubierta.

El educador que aplica consecuentemente la pedagogía de actitudes nunca procede proponiendo clichés. Tampoco muestra a los suyos sin más, como modelos, a santos o personas destacadas, a los que hay que imitar. Ciertamente se puede ilustrar los ideales y mostrar ejemplos, pero otra cosa es que se expongan estos como modelos que hay imitar y repetir "obligadamente".

Se da un doble peligro: que las personas pierdan su propia manera de ser y que, además, se apropien no sólo de las buenas cualidades del modelo, sino también de sus defectos o costumbres, que fueron válidas en otra época pero que ahora requieren ser revisadas y/o sustituidas por otras.

1.3. Respuesta a un extraordinario cambio cultural

Proponemos la pedagogía de actitudes como una respuesta concreta al extraordinario cambio cultural que hemos sufrido a partir de fines del siglo XIX, cambio que tuvo su origen ya en el Renacimiento, en los siglos XV y XVI. Estamos lejos de una cultura preponderantemente cristiana, que se denominaba "cristiandad". Se ha producido un cambio radical de época que exige un profundo cambio en la educación, especialmente en la educación de la fe.

Al educador que aplica la pedagogía de actitudes le preocupa generar en las personas y comunidades que acompaña una mentalidad, es decir, un modo de pensar y ver la realidad, una óptica acorde con el Evangelio y el querer de Dios impreso en las creaturas.

Actualmente predomina una sociedad secularizada, donde no se respira una mentalidad cristiana. Antes se podía proponer a los educandos realizar tal o cual acción, que para ellos era comprensible, porque vivían en un ambiente cristiano básicamente homogéneo.

Afirma el P. Kentenich en la Jornada recién citada:

> Esto es lo extraño: en un hombre normal, los actos surgen siempre a partir de actitudes y, cuando están en alguna medida saturados de valor, producen una profundización de la actitud. *Habitus fit per repetitionem actuum*[5].

---

5 Un hábito (actitud) se genera a través de la repetición de actos.

En el hombre actual no es así. Hoy, en forma contundente, todo se reduce a impresiones, a actos (aislados unos de otros). Un acto está yuxtapuesto al otro sin que generen una mentalidad, sin que broten de una mentalidad, de una actitud. Esto es lo extraño. Es casi un misterio.

Como ven, en el hombre moderno los actos no tienen un contacto "subterráneo" entre sí, no crecen desde una raíz, de un núcleo de la personalidad.

De ese modo puede explicarse también la discontinuidad del pensamiento, de los sentimientos, de la voluntad. Por ejemplo, un integrante de la SS[6], que ha ultimado a tiros a muchas personas, se da la vuelta y "abraza a todo el mundo". Sus acciones no surgen desde una misma "plataforma".

Se trata de un hombre que ya no es más hombre, en quien el núcleo de la personalidad ha perdido todo su valor. Estoy generalizando, es decir, será raro el caso en que esto se dé de esta forma extrema, pero, en general ésta es la forma en que ustedes tienen ante sí al hombre actual. Por eso nuestro desvalimiento.

Por ejemplo, hemos hecho referencia a brillantes misiones populares. Los oyentes lloraban de emoción. Después de ocho días, de catorce días, después de un mes, todo ha pasado. Eso significa discontinuidad en todo.

---

6 La temida Guardia o Cuerpo de Seguridad de Hitler *("Schutzstaffel")*.

Los ejercicios espirituales pueden desarrollarse de forma brillante. ¿Qué tan abundante es el fruto? ¡Poquísimo!

La vida psíquica moderna ha enfermado, también la vida psíquica moderna católica. En situaciones y tiempos normales, podíamos hacer lo mismo que habían hecho nuestros padres: cada domingo, en el sermón, formular un nuevo propósito, un nuevo pensamiento. También en la educación podíamos colocar un propósito tras otro. Antes era posible arriesgarse a hacerlo porque existía una actitud fundamental capaz de asumir y aprovechar los actos. Me dirán: en mi gente sigue siendo así. Podrá ser que todavía sea así en uno u otro lugar. Pero, en general, *éste es el gran error que cometemos hoy en la educación y la pastoral: presuponemos una actitud católica que ya no existe más. Por eso, nuestra forma de predicar, toda nuestra manera de catequizar, debe ser modificada.*

Hoy hay que ver de nuevo con mayor claridad reflexiva las leyes de la formación de una mentalidad. Así puede entenderse por qué en la pedagogía religiosa, que se ha utilizado hasta el presente, no pueda haber ningún progreso, puesto que pierde de vista el contexto de la realidad que conforma el medio ambiente.

La realidad psíquica es diferente a la del pasado. Las capas de la psique tienen entre sí una relación fundamental completamente distinta a la de antes. A modo de comparación, tomen a Benito, a Francisco, a Ignacio. Tomen a los fundadores modernos de comunidades religiosas. Todos han actuado según la pedagogía de ideales, sólo que las constantes que la rigen no estaban reflexivamente claras. Pero hoy, a raíz de la reorientación total de las capas de la psique humana, hay que conocer reflexivamente esas constantes.

¿Qué se quiere decir con esto? Tenemos ante nosotros una situación que trae a conciencia de forma extraordinaria que hoy debemos cultivar más que antes la pedagogía de ideales. Pero para ello debemos trabajar conscientemente hacia la creación de actitudes cristianas y tener claramente ante nuestra mirada las constantes de la metafísica. ¿Cuántos de entre nuestras filas son los que actúan así?

En 1931, contando ya con una gran experiencia pedagógica y siendo aún más contundente el cambio cultural que exigía otra forma de educar, expone en la jornada que dicta para profesoras ese año:

> Si ahondan en la reflexión encontrarán la fundamentación psicológica de la formación del ideal de comunidad en el peculiar cambio radical que estamos viviendo en este momento en la cultura.

> Es también algo trágico el hecho que, *muchas veces, desarrollamos una pastoral y una educación como si tuviésemos todavía una mentalidad común, como si este radical cambio cultural no hubiese llegado todavía.*

Es decir, presuponemos lo que ya no existe. Y mientras sigamos haciéndolo, estaremos hablando con toda seguridad a un vacío del cual no regresará eco alguno. Lo que debemos hacer es lo siguiente: con todos nuestros esfuerzos trabajar seriamente a fin de que se cree una atmósfera comunitaria, un ideal de comunidad, una mentalidad comunitaria. Consulten por favor cuántas cosas encontramos en nuestros viejos manuales católicos. Después de cada lección viene un propósito. Esas cosas son buenas mientras se tiene una mentalidad unitaria. Pero si tal mentalidad ya no está presente, esos propósitos destruyen el desarrollo y el crecimiento de una mentalidad.

¿Qué es, pues, lo que hemos perdido? A causa de ese fuerte cambio radical en la cultura hemos perdido el alma de la comunidad (en el sentido de una mentalidad común). Y la expresión del alma de la comunidad es el ideal de comunidad.

No sé si les estaré hablando en un lenguaje ininteligible. Vean el asunto desde otro punto de vista. Si digo que tenemos que registrar un radical cambio cultural, con ello quiero expresar que lo que teníamos en la Edad Media, esa mentalidad específicamente católica en la vida pública y privada, hoy ha desaparecido.

Escuchen, por favor, qué diferente es el tipo de método según el caso del que se trate. Para llegar a un fin claro, imagínense, por favor: tenemos una familia que vive como en un enclave. Quiero presentar el caso de esta forma extrema: el padre y la madre son totalmente católicos. En la familia reina un espíritu completamente cristiano. Los hijos, junto con sus padres, se enclaustran frente al entorno (que tiene otra mentalidad). Los niños no juegan tampoco con otros niños.

¿Qué es lo que tienen aquí? Una familia en la que actúa una mentalidad marcadamente católica. Esta es la actitud de la Edad Media, de la Europa medieval. En aquel entonces teníamos aquí esta actitud fundamental. Supongamos, por ejemplo, que formamos parte de esa familia. ¿Qué deberían hacer ahora el padre y la madre como para que también nosotros llegáramos a ser completamente cristianos y católicos? En realidad, no mucho. Sólo deberían cuidar de que absorbiéramos la atmósfera que reina en la pequeña familia: con el tiempo, también nosotros llegaríamos a ser hombres auténticamente católicos, incorporaríamos en nosotros con facilidad y seguridad la mentalidad cristiana y católica.

En términos pedagógicos, digámoslo así: aquí, el ideal de vida cristiano opera de forma funcional. ¿Qué significa esto? Aquí funciona el organismo: entro en el organismo e, inmediatamente, soy inundado por él como parte funcional del organismo.

En una familia semejante, la madre puede decir, tranquilamente: "niños, hoy es día de ayuno". O "estamos en tiempo de Pentecostés".

Nada de esto daña, sino que actúa porque la actitud fundamental es específicamente católica.

Pero tomen ahora otro caso. Presupongan lo siguiente: tenemos una familia más o menos cristiana y católica, como hoy las hay por legiones. El hálito del espíritu del tiempo atraviesa también en general a esa familia. ¿Cómo puedo cuidar de que los miembros que la integran adquieran una mentalidad cristiana, católica?

La respuesta es: el ideal de vida cristiano tiene que operar como tarea. Entonces, aquello que, normalmente, denomino el ideal de vida cristiano, debo ponerlo una y otra vez de relieve, colocarlo ante la mirada espiritual de los miembros de la familia y aspirar a alcanzarlo. Así, lo que estaba ante nosotros como ideal, como tarea, se tornará también con el tiempo en un principio funcional.

O tomemos nuestra escuela. Tomemos nuestro trabajo en la escuela primaria. Tal como vienen a nosotros, ¿llegan todos nuestros niños con una mentalidad católica clara y específica? Tal vez pueda ser así aquí y allá en las zonas rurales. Pero, a grandes rasgos, hoy eso ya no lo encontramos.

Así pues, si queremos educar de acuerdo a la época tenemos que saber con claridad que nos encontramos ante un cambio cultural radical.

También nuestros sermones, tal como se los pronuncia hoy, caen en la mayoría de los casos en el vacío. ¿Por qué? Porque presuponen lo que ya no está más presente. Tomen, por ejemplo, las homilías. Hoy se lee el Evangelio y se dice algo sobre el mismo; la próxima vez se dice alguna otra cosa. Antes, eso podía hacerse así, pero hoy ya no se puede porque no tenemos más una línea general y unitaria, una mentalidad.

Sé muy bien que lo que digo es poco desde el punto de vista de la cantidad-tiempo que le dedico, pero es lo esencial. Si no lo reciben comprendiéndolo, no entenderán tampoco todo lo demás que comentamos. (...)

Por tanto, ¿qué deberíamos tener hoy en el colegio? Digamos: un ideal de clase, un ideal de escuela. ¿Y cómo podemos cuidar de que ese ideal forme realmente las almas de los niños como comunidad? Para ello tenemos que trabajar una y otra vez a fin de que el ideal que hemos formulado se impregne de valor.

De alguna manera, todo lo que digamos a los niños debe refluir, desembocar en ese ideal. Los niños podrán olvidar las cosas tomadas en particular –también nosotros las olvidamos– pero los valores educativos que anidan en los diferentes aspectos llegan al fondo del alma. Entonces se logra crear y formar una mentalidad. (*Jornada pedagógica de 1931*)

¿Reina hoy una mentalidad común en las personas que acompañamos pedagógicamente? Consideremos la realidad concreta. Salvo excepciones, por de pronto tenemos que afirmar que si hay una mentalidad esta es una mentalidad materialista que, en la práctica, poca o ninguna importancia da al Dios vivo. Por eso no mira ni juzga tomándolo en cuenta.

Si al dirigirnos a las personas y comunidades que servimos presuponemos una mirada cristiana y criterios de juicio cristianos, nos equivocamos. Lo que encontramos es una manera de ver y juzgar relativista. No existe una ley natural, algo que nos diga que tenemos que comportarnos de una u otra forma determinada. Todo es relativo, todo depende de lo que creamos subjetivamente conveniente o no; o bien, dependemos de "lo que todos dicen" o de lo que "todos hacen".

Pocos son los que tienen posiciones propias. Y, como el relativismo es generalizado, la solución en casos de diversidad de opiniones es simplemente la mayoría: "la mayoría manda". ¿Qué es la familia? Depende, hay diversos tipos de familia… ¿Cuál es la identidad femenina? Igualmente, hay diversas opiniones al respecto, por lo demás "cada uno es dueño de sí mismo y puede elegir lo que le parezca"…

Tal vez ilustre mejor lo que propone el P. Kentenich, observar la mentalidad economicista que hoy reina en muchos ámbitos culturales. ¿Qué es lo que más nos importa? ¿Desde qué punto de vista se juzga la realidad? No resulta demasiado difícil o aventurado afirmar que hoy abunda mayoritariamente una mentalidad economicista: materialista-economicista.

El P. Kentenich acentúa, además, el hecho de que en la sociedad actual las personas cambian de opinión y de posición con una gran facilidad: en un ambiente se comportan de una forma determinada y, en otro, de una forma distinta, dependiendo de quienes los rodean y de qué les conviene en el momento.

Tomamos en serio este cambio cultural y proponemos en consecuencia una nueva pedagogía. Contamos con que las personas y comunidades que tenemos a nuestro cuidado son personas que –salvo excepciones– ya no poseen una mentalidad claramente cristiana.

2. La generación de actitudes

2.1. Actitudes generadas por la repetición de actos

Si estamos de acuerdo en que hoy es especialmente importante fomentar una mentalidad y actitudes, ¿cómo logramos hacerlo? Es importante responder esta pregunta.

Si se considera en general, la praxis pedagógica en el pasado partía del principio de que los hábitos o actitudes se generan a través de la repetición de actos. Repetir actos virtuosos genera virtudes, repetir actos viciosos genera vicios.

Si se quiere llegar a ser, por ejemplo, una persona generosa, hay que practicar sistemáticamente actos de generosidad. Así se podrá ir conquistando las diversas virtudes.

En esta visión, los educandos pasan a ser personas "virtuosas", dignas de ser reconocidas y valoradas como ejemplos para el resto, ya que han adquirido actitudes que los mueven a actuar en forma correcta. Son la prueba del éxito pedagógico del educador.

Según este proceder, muchas veces el educador solía establecer qué virtud se debía practicar durante un determinado tiempo; posteriormente señalaba cuál virtud tocaba practicar a continuación, y así sucesivamente.

¿Educamos todavía de esa forma? Es probable que ya no sea esta la forma más común de proceder pedagógicamente. Pero, con matices, ciertamente todavía también la encontramos vigente.

Pareciera que actualmente nos encontramos en el otro extremo: no hay sistema; practicamos una pedagogía de "eventos", o educamos saltando de un tema a otro o pasando de una actividad a otra.

Ninguno de estos caminos conduce a la meta: no logra generar ni una mentalidad ni actitudes permanentes. No basta la simple repetición de actos para generar hoy una forma permanente de actuar. Tampoco produce el fruto deseado una pedagogía de eventos, discontinua, que no toma suficientemente en cuenta los procesos de desarrollo vital.

Las "actitudes" o "costumbres virtuosas", producto del "amaestramiento", no son consistentes. Tan pronto se alejan los educandos del educador o cambia el medio ambiente, con facilidad se dejan de lado, aunque se suponía que habían sido asumidas en forma permanente; que se continuaría actuando "como se les había enseñado".

El hecho es que muchos hijos y alumnos "educados" de esta forma, una vez alejados del nido, simplemente comienzan a pensar y actuar de otra forma, echando por la borda todo lo "aprendido" anteriormente. Pensemos en tantos hijos de matrimonios cristianos que, para sorpresa de sus padres, no siguen, como jóvenes o adultos, lo que "les enseñaron" en su hogar.

El modo de educar por simple repetición de actos es válido cuando existe una atmósfera o un ambiente cultural cristiano. En ese medio bastaba anunciar la verdad y "entrenar" la voluntad, de modo que a través de la repetición de actos, se afianzaran las actitudes o hábitos que se buscaba adquirir. Pero, ese ambiente cultural hoy ya no existe.

Por lo mismo resulta ineficaz la labor educativa cuando el pedagogo no se preocupa de crear y fomentar una mentalidad, un modo de sentir, de juzgar y actuar, impregnados por los valores del Evangelio. Se da por hecho que las personas creen pero, en realidad, la fe no ha arraigado en sus corazones. Se anuncia verdades, se organiza todo tipo de acciones, se pasa de una cosa en otra, se exige un comportamiento coherente con la fe, se supone muchas cosas que en realidad no existen.

2.2. Actitudes generadas por actos "saturados de valor"

2.2.1. Aclaraciones previas

Lo dicho anteriormente lleva a plantear la necesidad de revisar o completar el principio de que las actitudes se generan por la repetición de actos.

Las ideas son los conceptos que expresan el contenido de algo. Apelan a la inteligencia. Por ejemplo, el educador puede exponer ideas sobre la libertad o sobre el contenido de las parábolas del Evangelio.

Ahora bien, toda idea entraña en sí misma un valor. Se dice en filosofía: *"ens est verum, bonum et pulchrum"*, es decir, el ser es *verdadero, bueno y hermoso.* Las ideas expresan una verdad que posee un determinado valor.

El educador, en este sentido, puede exponer ideas que representan valores como algo objetivo, apelando a la inteligencia de los educandos. Trata de aclarar los conceptos y la recta doctrina, mostrando cuán buena o valiosa es esa idea: es algo digno de ser apreciado, querido y conquistado.

Sin embargo, puede ser que ese anuncio de algo que es verdad, que es bueno y hermoso, que constituye un ideal en sí mismo, no capte interiormente a las personas. Simplemente son indiferentes ante esas verdades y valores: no les atraen.

Esta es la situación que viven muchos educadores "que hablan por sobre las cabezas de sus oyentes", es decir, sin lograr captarlos ni entusiasmarlos por los ideales. Más que educadores, en el mejor de los casos, son instructores o profesores que dictan cátedra sobre una materia o dictaminan lo que se debe hacer.

No basta con que el educador proponga *valores objetivos* a los suyos. *Esos valores objetivos tienen que llegar a ser valores "subjetivos", es decir, valores para ellos, para los educandos, para las personas concretas que educa.*

Si los padres, por ejemplo, explican a sus hijos que es bueno ir a misa y que deben hacerlo porque ellos como papás también lo hacen o porque la Iglesia lo pide, quizás logren que sus hijos asistan a la eucaristía, pero sin que estén compenetrados subjetivamente del valor que ello entraña, sin que comprendan ni quieran participar en la misa porque eso lo consideran realmente un bien "para ellos", y no simplemente algo que dicen sus padres o profesores que es bueno hacerlo. *Los valores subjetivos los atraerán con mucha mayor fuerza, porque ven en ellos ideales que los enriquecen y que por eso los desean conquistar.*

En este contexto se entiende que el P. Kentenich acentúe que el educador está llamado a fomentar la repetición de actos "saturados de valor", impregnados de valores e ideales por los que los educandos de verdad, personal y libremente, se sientan atraídos y movidos a practicar.

Según lo expuesto, el educador se mueve en el nivel del consciente. Sabemos, sin embargo, que toda persona, más allá de su apetencia volitiva-consciente, posee también en su interior apetencias e impulsos instintivos. Esto en la filosofía escolástica se denominaba "apetito sensible".

2.2.2. Captación de las fuerzas instintivas

Hoy más que en el pasado, está claro el poder que entrañan nuestros instintos y la importancia que reviste nuestra afectividad.

Como se dijo, un valor determinado puede llegar a ser un valor subjetivo para los educandos en el plano racional: con su inteligencia captan que se trata de algo que les conviene personalmente, un ideal digno de luchar por él. Pero, ¿qué dice la afectividad y nuestros instintos al respecto? ¿Están de acuerdo y se suman a ese querer racional?

Los valores deben también lograr captar nuestra afectividad, nuestros instintos, nuestro corazón. Al hacerlo, esos valores contarán con un arraigo profundo en nuestro ser. *De esta forma, la repetición de actos estará cargada o saturada del valor que apela a nuestro consciente y a nuestra esfera instintiva.*

Existen en nuestra alma instintos y pasiones que, a semejanza de la voluntad, nos mueven a la acción, porque algo desde nuestro interior, instintivamente, nos atrae, nos parece valioso.

En la pedagogía tradicional no se tomaba en cuenta suficientemente esta receptividad subjetiva-instintiva frente a los valores. En general, se tenía desconfianza de lo instintivo, del mundo de la afectividad. Parecía que el pecado original se hubiese concentrado en nuestra esfera afectiva. Por eso se buscaba controlar este mundo a través del "dominio", la "vigilancia permanente"; las normas de comportamiento, claramente establecidas, aseguraban la "domesticación" de los instintos y de las pasiones, normalmente reprimiendo con la fuerza de la voluntad y el control del educador.

De hecho, sin embargo, a menudo se puede constatar que aquello que nos parece razonable hacer, y que con la voluntad queremos hacer, de hecho las ganas, los impulsos interiores, los instintos desordenados, nos dominan y terminamos no haciéndolo.

Nuestra voluntad ciertamente no es tan fuerte como quisiéramos. Es común que la superen los impulsos instintivos, aquello que justamente apela a nuestros sentimientos y emociones.

¿No es claramente más cuerdo pedagógicamente "aprovechar" los impulsos instintivos, toda la fuerza que late en nuestra afectividad? Ciertamente hay desorden en nuestros instintos y nuestra vida afectiva, pero es mucho mayor su riqueza que sus límites o desviaciones.

Si bien esas fuerzas instintivas están heridas, sin embargo, no están corrompidas por el pecado original: son fuerzas que Dios ha puesto en nuestro interior, que son básicas para lograr el pleno desarrollo y madurez de nuestra personalidad.

En esta esfera existen impulsos primarios, que es importante captar, porque constituyen impulsos que nos mueven a ser más, a desarrollarnos y realizarnos.

Nuestro mundo interior profundo es extraordinariamente rico. El P. Kentenich, ya al inicio de su labor como educador, se refería, por ejemplo, a la necesidad de enganchar las "pasiones" en el carro de los ideales. El ansia de valer, de ser cobijado, el ansia de tener y de crear, de libertad, de dar y recibir amor, el impulso de conquista y el sentido por formar comunidad, el instinto materno y paterno, etc., constituyen puntos de contactos que es preciso "aprovechar" positivamente y enganchar para que los ideales capten de verdad, desde dentro y vitalmente a los educandos.

La "saturación de valor" alcanza entonces una profundidad mucho mayor: los ideales llegan a captarnos "desde nuestras raíces".

La tarea pedagógica consiste entonces en presentar los valores o ideales dando respuesta a esta sensibilidad básica, mostrando ideales que realmente les interesen "instintivamente" a quienes educa. De este modo el educador capta, asume e integra esas tendencias de quienes acompaña, iluminándolas desde el conjunto de valores que comprende el ideal.

Así se completa el proceso: *el educador presenta los ideales objetivos, subjetivamente, no en forma lógica, sino psicológica, de acuerdo a la receptividad consciente; pero también apela a la receptividad instintiva de las personas.* A partir de ello, promueve la repetición de actos que hacen que esos valores plasmen hábitos o actitudes consistentes.

La razón y la voluntad siempre van a jugar un rol de gran importancia en la educación, pero también juega un rol significativo, y a veces decisivo, la captación y educación de las fuerzas o impulsos que anidan en nuestra afectividad y en nuestro inconsciente. Sólo de esta forma habremos captado por entero a la persona.

Si se considera la realidad actual resulta aún más claramente necesaria la preocupación pedagógica por la captación y encauzamiento positivo de esta esfera de nuestra personalidad.

Más todavía cuando se experimenta con fuerza cómo el mundo de los instintos y de los afectos hoy es exacerbado y sometido a la presión de un auténtico "bombardeo", que apunta justamente a ganar la vida instintiva, sometiendo a las personas a "tentaciones" difíciles de resistir desde el punto de vista psicológico. Hay un refrán que dice así: "Las sillas no ocupadas las ocupa el maligno", que corresponde a lo que enseña la teología: "lo que no es asumido no es redimido".

2.2.3. *Del dominar y podar, al encauzar*

Si proponemos este tipo de proceder pedagógico, alguien podría preguntarse: ¿dónde queda la necesidad de corregir las malas costumbres y superar las desviaciones de nuestros instintos?

Ciertamente no se puede dejar de lado la necesidad de "enderezar" lo torcido y de "podar" lo que se ha desviado. Pero este proceso, según la pedagogía del ideal y de actitudes, se lleva adelante más eficazmente "haciendo brillar el sol", que dándose el trabajo de "tapar las estrellas".

Por ejemplo, si una persona es desordenada, entonces el educador no lo mueve a actuar directamente sobre el desorden, sino a cultivar positivamente el orden. O si la persona es egoísta, no le insiste en que "no debe ser egoísta", sino en la bondad que tiene ser generoso. En otras palabras, acentúa la virtud contraria en el contexto del conjunto de valores que abarca el ideal.

Especial distancia y recelo se tenía del mundo de la afectividad y sexualidad, que preponderantemente era visto en la perspectiva negativa. Recordemos que un par de decenios atrás casi los únicos pecados relevantes eran los que se daban en torno al sexto mandamiento.

Es importante, por cierto, que este instinto no se desvíe del cauce correcto querido por Dios. Pero más que cuidar de que ello suceda, importa más que la persona descubra el valor y sentido de la sexualidad y que, a partir de eso, aprenda a armonizar la dimensión instintiva con la dimensión espiritual y sobrenatural del amor.

Conquistar la actitud de un amor ordenado, profundo, generoso y heroico, llevará también a asumir las renuncias y las podas que ello requiere. Pero, entonces, todo estará orientado positivamente hacia la plenitud de vida de la persona, y no simplemente hacia la restricción o control.

Especial relevancia en este campo adquiere el ambiente en el cual se educa. Un ambiente sano, positivo, alegre, donde hay comunión de corazones y se emprenden tareas y acciones que captan las fuerzas creadoras de los educandos, ordena nuestra afectividad, va enderezando naturalmente lo torcido y desviado. En ese ambiente nuestros instintos y nuestra afectividad encuentran una respuesta positiva y enaltecedora.

A esto se agrega, además, que el educador motiva a que los suyos asuman su propia educación, es decir, los anima a auto-educarse y en este proceso de autoeducación, ellos mismos deben iluminar su vida instintiva y encauzarla por el recto camino.

2.3. Educación del inconsciente

En nuestra realidad anímica no solo se encuentran las necesidades o impulsos instintivos básicos que es necesario captar y educar según lo que hemos expuesto. También existe la esfera profunda del inconsciente.

Desde que nacemos, se van inscribiendo las vivencias que vamos experimentando. Esas vivencias, unas más que otras, marcan nuestra afectividad profundamente y, posteriormente condicionan nuestro modo de pensar, nuestras tendencias, actitudes y reacciones.

Hoy está claro que muchas decisiones y comportamientos proceden de nuestro inconsciente. A partir de Freud se descubrió este nivel de nuestra persona, que envía señales a la esfera consciente, llevándonos a pensar y actuar de un modo muchas veces "irracional". Así se originan observaciones de este tipo: "está respirando por la herida…", "tiene un trauma desde chico, por eso actúa así…"

Durante decenios la esfera inconsciente no fue mayormente atendida por parte de los educadores: no se la tomaba mayormente en cuenta. Menos aún, se piensa que juegue un rol de gran importancia en la educación de la fe. Los profesionales de las técnicas de mercado sí que saben "aprovechar" el inconsciente para sus fines.

El descubrimiento del inconsciente se dio en el ámbito de lo patológico, de las deformaciones y traumas que sufrían las personas a raíz de las vivencias negativas. No se había considerado –todavía no se hace en forma significativa– que era necesario "educar" el inconsciente de personas "normales", en cuanto ello se puede dar en una naturaleza herida por el pecado original.

El inconsciente está condicionado básicamente por las vivencias que ha experimentado la persona. Si esta tiene, por ejemplo, una vivencia negativa de la autoridad, porque su padre hizo mal uso de su potestad paterna, siendo injusto, castigador, etc., esa vivencia se graba en su inconsciente y aflora posteriormente en la vida de esa persona cuando es adulta. Muestra entonces reacciones y desconfianza, rechazo o temor ante una autoridad que, de suyo, no debiera engendrar esas reacciones. Se debe entonces procurar vivencias positivas, en este caso, de autoridad, que paulatinamente vayan sanando las experiencias negativas previas.

De allí que el educador deba dar especial importancia a crear un ambiente positivo, tanto un ambiente físico como un ambiente de vínculos personales sanos.

Cuando no se educa el inconsciente, a través de vivencias positivas, a menudo no se obtiene el éxito deseado en la educación. Se hacen esfuerzos por mejorar la transmisión de la verdad y por generar actitudes, sin embargo las personas no responden a nuestros esfuerzos: hay "trancas" anímicas, predisposiciones y prejuicios que lo obstaculizan.

En el libro *Pedagogía de Vinculaciones* de esta colección, se da una explicación más detallada al respecto. Además, en este mismo texto, al referirnos a la pedagogía de ideal como pedagogía de humildad, también lo volveremos a tocar.

Por otra parte, en el libro *Pedagogía Dinámica*, de esta misma colección, que será editado próximamente, se profundiza esta temática, respecto cómo generar una mentalidad y actitudes a través de una adecuada movilización de valores.

Usando una imagen: la labor del pedagogo consiste en "hacer despuntar el sol" de los ideales en la persona y en la comunidad. El educando quiere ser más, quiere realizarse a sí mismo, quiere sentirse útil y desempeñar un papel en la comunidad. Este es el "enganche" que encuentra el educador para entusiasmarlo por conquistar ideales y exigirse más a sí mismo.

III. PEDAGOGÍA DEL IDEAL COMO PEDAGOGÍA DE MAGNANIMIDAD

1. Pedagogía de obligaciones y pedagogía de magnanimidad

1.1. Aspirar a lo más alto

El término *"magnanimidad"* viene del latín *"magnus animus"* y significa poseer un espíritu grande, que tiende a lo más alto. La antítesis de la magnanimidad es la pusilanimidad, término que viene del latín *pusillus animus, y significa* falto de ánimo y valor para tolerar las desgracias o para aspirar e intentar realizar cosas grandes.

La magnanimidad se opone a un espíritu pequeño, que se contenta con lo que exige menor esfuerzo. La pedagogía del ideal es, por definición, una pedagogía que motiva mostrando como meta los más altos ideales. Fomenta el idealismo, el espíritu de conquista y de audacia en los educandos. Es lo opuesto a una pedagogía de "obligaciones", que lleva a que los educandos se limiten a hacer lo estrictamente necesario para cumplir los deberes y normas que se le dictan.

En cambio, quien educa según la pedagogía del ideal trata de elevar la mente y el corazón de los educandos, señalando cumbres, apelando, no en primer lugar, a lo que se debe hacer, sino a aquello que se podría hacer, yendo libremente más allá de lo rigurosamente necesario hacer "para cumplir" con la obligación.

Se trata, por eso, de una pedagogía que apela a la generosidad y al heroísmo, superando una actitud minimalista.

Este proceder se fundamenta en el hecho de que la persona humana es un ser que se va desarrollando desde dentro: posee en su naturaleza una orientación o impulso interior instintivo que lo mueve a crecer, a ser más, a alcanzar su plenitud como persona.

Las motivaciones del educador, dando respuesta a estos impulsos e inclinaciones, reciben un eco positivo y así el proceso de crecimiento y desarrollo de la persona adquiere cada vez mayor vigor y fecundidad. Despierta e ilumina así la autoeducación, es decir, el proceso de crecimiento personal que asume libremente el educando.

La labor del pedagogo consiste en "hacer despuntar el sol" de los ideales en cada persona y en la comunidad que tiene a su cargo. Mueve al educando a que crea en sí mismo y en sus posibilidades, que se atreva a dar pasos y a emprender acciones que redundan en su propio bien y en bien de los demás.

El educando se siente movido entonces a dar paso a ese instinto de ser más, de realizarse a sí mismo; quiere sentirse útil y desempeñar un papel positivo y creador en la comunidad. Este es el "enganche" que encuentra el educador para entusiasmarlo por conquistar ideales y exigirse más a sí mismo. Le muestra "lo más alto", lo que más lo enaltece y hace pleno, porque está llamado a ser algo grande y porque los ideales que muestra el Evangelio son altos.

En este proceso el educador debe contar con dos factores en contra que debe enfrentar y ayudar a los suyos a que los superen.

Así como en las personas se da un impulso natural hacia el crecimiento y desarrollo de sí mismo, también existe, producto del pecado original y de los propios pecados, una "ley de la pesantez", que arrastra hacia lo menos bueno, hacia lo más fácil y cómodo, a sentirse satisfecho con la mediocridad.[7] De allí que siempre deberá hacerse presente, de una forma u otra, el *"agere contra"*, el llevar la contra a esta tendencia..

Por otra parte, si se considera la realidad de nuestro tiempo en esta perspectiva, cobra aún mayor sentido la práctica de una pedagogía de la magnanimidad Hoy

---

7   "Conozco tu conducta: no eres ni frio ni caliente. ¡Ojalá fueras frio o caliente! Ahora bien, puesto que eres tibio, y no frio ni caliente, voy a vomitarte de mi boca" (Ap 3, 15-16)

las personas suelen no estar especialmente abiertas a realizar grandes cosas. La cruda realidad los ha endurecido interiormente y les ha cortado las alas. Se vive sumergido en el reino del individualismo competitivo, donde es difícil sobrevivir; donde la dignidad y los derechos de las personas se ven constantemente conculcados. Por eso en el hombre actual abunda en muchos lugares un sentimiento de derrota, de amargura y de resignación. No ha experimentado que se cree en él, que se le ama y estima.

Todo esto muestra aún con mayor fuerza la necesidad de una pedagogía de la magnanimidad, que enaltezca y dé alas. Ahora bien, la pedagogía del ideal –y en ella la pedagogía de magnanimidad– siempre debe ser vista en el contexto de la pedagogía de los vínculos de amor y de la alianza, tal como se explicó al inicio de este texto.

De acuerdo a ello, el educador está llamado a generar un ambiente donde los ideales sean creíbles. Esto es posible si pone en juego una pedagogía del amor, de las vinculaciones personales, en la cual su persona como educador pasa a jugar un papel clave, ya que, para sacar adelante al educando debe desplegar toda la fuerza de un "amor pedagógico" enaltecedor, es decir, de un amor real y cálido, natural, afectivo, espiritual y sobrenatural, que despierte en el educando la fe en sí mismo.

Este proceso pedagógico se refuerza con el hecho de que el educador fomenta una comunidad en la cual cada uno de sus miembros es acogido, apreciado y tiene un lugar propio; una comunidad movida por un entusiasmo y conciencia de misión que arrastran y mueven a aspirar y conquistar los grandes ideales y tareas que se les presentan.

Lo recién expuesto solo juega un papel importante para que cada uno crea en sí mismo y se atreva a emprender grandes cosas. A ello se agrega que el educando tiene que tomar conciencia de que es Dios quien infunde en nuestro corazón la confianza de que, con su gracia y su amor, "todo lo podemos". Las tareas que estamos llamados a realizar y la misión que debemos cumplir responden a un llamado del Dios que nos ama y cree en nosotros que, incluso, muestra su poder en nuestra debilidad. (Cf 2Co 12,9)

1.2. Pedagogía de magnanimidad y de obligaciones

La pedagogía de magnanimidad, se considera como contrapunto de la pedagogía de obligaciones. Sin embargo es preciso matizar la tensión que existe entre ambas.

El P. Kentenich formula en este sentido un principio que orientó siempre su actuar, que busca regular la relación entre la libertad y las obligaciones. En una comunidad –y por *cierto en una comunidad educativa– debe darse "la mayor libertad posible, un mínimo de obligaciones (que se debe cumplir), pero sobre todo, un fuerte cultivo del espíritu"*.

Afirma en una conferencia de 1963:

> Ahora bien, la pedagogía de ideales significa dos cosas, y no deben perderlo nunca de vista: pedagogía de actitudes... (...) Y, después,

en segundo lugar, pedagogía de magnanimidad frente a la simple pedagogía de obligaciones que dice: "¡Esta es mi obligación!"

Por supuesto, esto no significa que yo extienda mis manos hacia las estrellas, que quiera lo supremo y olvide mi obligación. El cumplimiento del deber tiene precedencia. Es lo que se dice de los alemanes: el alemán, aun cuando el ideal haya perdido su atractivo, está predispuesto a la obligación.

Tenemos que llegar a ser también hombres de la obligación. El hombre de la obligación se presupone. Y hay que cultivarlo. Sólo que debe ser elevado para ser el hombre de la magnanimidad, que se torna dispuesto a ir más allá de la obligación y que la considera como algo evidente.

Quien quiere educar según la magnanimidad, debe también, por lo tanto, exigir el *cumplimiento de un mínimo de normas necesarias para que la persona y la comunidad puedan desarrollarse en forma sana*.

Lo que se evita es el exceso de normas y la motivación sólo por el imperativo de cumplirlas. Estas normas, por lo demás, tienen que ser motivadas, de modo que el educando sepa por qué y cómo se deben cumplir y poder comprender que su cumplimiento es para su bien.

Partiendo de la exigencia de "un mínimo" de obligaciones o normas, la tarea fundamental del educador es el "cultivo del espíritu".

En otro contexto el P. Kentenich explica:

> No debemos convertirnos en ilusos sino verdaderamente en idealistas. Lo reitero: no debemos cuidarnos de la práctica de la pedagogía de ideales cuando ni siquiera conocemos la pedagogía de obligaciones. (...)

> Debemos cuidar de que, al elevar las manos hacia los ideales más altos, no nos convirtamos en personas utópicas. La obligación está en primer lugar: debemos poder pasar la prueba en todas partes.

> Pero el ideal ilumina el ámbito de las obligaciones, nos permite desarrollar de forma más fácil y apropiada el ámbito de las obligaciones y, además de ello, nos ayuda a hacer, de manera heroica, más que lo obligatorio y a regalar todas las fuerzas de nuestra vida a aquellos que Dios nos ha dado y confiado. (*Semana de octubre de 1951*)

Para que de hecho resulte un desarrollo positivo de las personas y de la comunidad es necesario un claro "rayado de la cancha", que corresponde al mínimo de obligaciones necesarias. Para no caer en la tentación de ir aumentando las obligaciones y las normas, es preciso que pedagógicamente siempre esté en primer plano el cultivo del espíritu. Este es el alma de la pedagogía de la magnanimidad. El educador lo fomenta a través de la pedagogía de ideales, de vinculaciones y de la alianza, moviendo a aquellos que tiene a su cargo a que practiquen una seria autoformación.

La verdadera humildad es aquella que proclama el Evangelio, que llama bienaventurados a los "pobres de espíritu" y que plantea como condición para entrar en el Reino de los cielos, "ser como los niños".

Humildad, afirma Teresa de Ávila, es verdad y justicia. Es autenticidad. Es la capacidad de aceptarse a sí mismo, desprendiéndose de las máscaras que pretenden cubrir nuestra verdadera faz, a fin de ser admirados y respetados por los demás.

IV. PEDAGOGÍA DEL IDEAL COMO PEDAGOGÍA DE HUMILDAD

1. Por qué una pedagogía de humildad

A primera vista, puede resultar quizás extraño que el P. Kentenich, al referirse a la pedagogía del ideal, describa como parte de la misma una pedagogía de la humildad. ¿Qué significa la pedagogía de humildad en el contexto de la pedagogía de magnanimidad, de la aspiración a grandes metas?

Cuando se analiza más de cerca este tema, se comienza a entender cuál es el pensamiento del P. Kentenich.

Se trata de entregar una motivación movilizando valores que entusiasmen y muevan a los educandos a superarse a sí mismos y a construir su personalidad como una personalidad sólida. Esos valores, como se ha explicado, deben penetrar no sólo en su intelecto y mover su voluntad, sino que deben penetrar en su afectividad, en su alma, en su inconsciente, de modo que sean asumidos desde lo más íntimo y profundo del ser.

En este contexto es donde comienza a aparecer con mayor claridad el papel que juega la pedagogía de la humildad. Se trata de la capacidad de recepción de la persona y de la comunidad respecto a los valores. No raras veces se da el caso de que los educandos presenten resistencias que, de algún modo, los hacen psicológicamente impermeables a dejarse motivar. Simplemente están interiormente trabados y "endurecidos": no están abiertos a recibir las motivaciones e ideas que se les presentan.

¿Cómo debe actuar entonces el educador en estos casos? ¿Cómo puede aplicar una pedagogía de ideales y de magnanimidad frente a personas que simplemente no logran abrirse ni aspiran a superarse, que no creen en sí mismos, que están entrampados en sus conflictos interiores?

El educador no puede pasar por alto esta realidad. Es preciso desarrollar una pedagogía para personas donde a menudo el estado anímico y la estructura personal están heridos. Vivimos inmersos en una cultura que ha generado un sinnúmero de personas sin consistencia interior, que a menudo son presa de complejos de inferioridad, de angustias e inseguridades, que padecen un "acalambramiento" anímico y traumas difíciles de superar.

Todo ello representa para el educador un extraordinario desafío pedagógico: cómo ganar esas personas para Dios, para que se den generosamente a grandes causas, para que crean en sí mismas.

El fundador de Schoenstatt afirma en una conferencia de 1966:

> ¿Qué nos han traído los últimos años?[8] Una complementación de toda nuestra pedagogía. ¿Complementación en qué dirección? No nos hemos quedado a mitad de camino. ¿Qué complementación? Tenemos que dejarnos llevar, poco a poco, hacia lo alto de la montaña, hasta la cumbre más alta.
>
> No es mi deseo exponer ahora con más detalle las consecuencias de lo dicho. Baste con ver la dirección en la que hemos de movernos.
>
> Complementación. Como ven, hay también una complementación en una dirección diferente, una complementación del esfuerzo ascético-pedagógico, hacia abajo y hacia arriba.
>
> Complementación hacia abajo, hasta la vida psíquica subconsciente. Complementación hacia arriba, adentrándonos en el seno de la Trinidad.
>
> (...).
>
> ¿Cómo logramos llenar nuestra vida psíquica subconsciente con Dios? Esto es simplemente así. En base a mi propia experiencia, suelo de-

---

8 Se refiere al tiempo de su exilio en Milwaukee.

cir últimamente que, si lo veo de forma acertada, actualmente la mayoría de los sacerdotes –y lo digo ahora porque estoy dirigiéndome a sacerdotes, pero lo mismo vale también para los laicos– ha perdido casi por completo la capacidad de hacer ejercicios espirituales, a no ser que se considere como fruto de los ejercicios el llenar la cabeza de ideas religiosas.

Si lo religioso ha de penetrar de nuevo en el subconsciente, antes hay que destrabar toda una capa al interior de la persona. En una u otra ocasión, se me invitó también allá (en Milwaukee) a que diera ejercicios privados para sacerdotes. De allí proviene en realidad esta observación: en lugar de ejercicios espirituales, di propiamente pre-ejercicios, es decir, intenté destrabar la vida psíquica subconsciente.

"Él ordenó el amor", dice el Cantar de los Cantares. ¿Qué quiere decir esa expresión? Aflojar primeramente de nuevo la vida instintiva, traerla a la consciencia. Si eso no se da, no podemos esperar en modo alguno que seamos capaces de hacer ejercicios espirituales. Por lo menos, hoy en día; tiempo atrás puede haber sido posible, cuando había un mayor nivel de sustancia sana en las personas. Más adelante tendré oportunidad de desarrollarles todo un sistema acerca de cómo puede hacerse algo semejante, de modo que la vida psíquica subconsciente llegue a ser libre y continúe siéndolo.[9]

---

9 José Kentenich, *Conferencias, III, 1966, en Textos Pedagógicos*, op. cit., pp. 71-74.

El P. Heriberto King comenta este texto acotando lo siguiente:

Nótese la reiterada utilización que el P. Kentenich hace en este texto de la palabra "destrabar" (lockern)[10]. Él experimentó en carne propia, durante su noviciado y su período de estudios, lo que significa padecer fijaciones obsesivas y, del mismo modo, lo que significa que las mismas se "destraben". Refiere reiteradamente que durante toda su vida ayudó a muchas personas a aflojar obsesiones y procesos obsesivos. La mención se refiere sobre todo también a personas religiosas en las que, dejando de lado otros aspectos, lo religioso se vive a menudo también de manera obsesiva o bien es causa de otras variadas obsesiones.

Son personas religiosas, pero Dios no alcanza a entrar en su alma, entendiendo esto mismo no desde un punto de vista religioso-ético-ascético sino psicológico. La ascética correcta para estas personas consiste no en el esfuerzo y la observación escrupulosa sino más bien en dejar de tenerse tan en cuenta, en hacerse más "inescrupulosas", en dejar de tenerse aferradas en si mismas, en soltarse.

Por otra parte, agrega King, cuando el P. Kentenich, se refiere al "ordenar el amor" no asocia un introducir "orden" sino, justamente, un "destrabar la vida instintiva" para que, a partir de su realidad intrínseca, esa vida instintiva

---

10 En alemán usa el término *"lockern"*, que significa "soltar", "aflojar", "destrabar".

pueda, por así decirlo, incorporarse, estabilizarse en el amor. Y ello con anterioridad a que se la "ordene", "domine" y "purifique" en demasía. De todos modos, la vida instintiva debe ser reconocida primeramente en su valor y mensaje propios, antes de que, tratada como un problema, se la "eduque" o hasta se la oprima y reprima.[11]

Por lo tanto, si se quiere motivar "desde dentro" según la pedagogía del ideal, a partir de la capacidad de recepción anímica de las personas, entonces adquiere primera importancia aquello que hay "dentro" de la persona. Si la realidad anímica denota un entrabamiento, por complejos, represiones psicológicas o compensaciones, el educador deberá entonces preparar la tierra donde cae la semilla de los ideales.

No puede prescindir de hacerlo ya que, de otro modo, esa semilla no echará raíces.[12]

Con esto el fundador de Schoenstatt abre la puerta a otra gran tarea del educador. Anteriormente hablamos de la importancia del inconsciente, de la vida instintiva y afectiva de los educandos. Ahora bien, resulta que en el inconsciente anidan también determinadas vivencias que entrampan u obstaculizan el desarrollo de la personalidad.

---

11 Ver nota 80, en *Textos Pedagógicos*, op. cit. p. 71.

12 Ver Anexo I

Son vivencias que por lo general giran en torno al instinto del valer que ha sufrido impactos que lo hieren. Esto sucede cuando las personas han pasado por circunstancias donde se han sentido fuertemente minusvaloradas. Esas vivencias dejan una profunda huella en su subconsciente. Ello hace que más tarde reaccionen por complejos de inferioridad o por impulsos de revancha, queriendo mostrar cuan valiosos son, etc. En otros casos, la experiencia de una caída moral genera en ellos un sentimiento de culpabilidad que los entraba interiormente y hace difícil que se den con naturalidad y se abran a los ideales que les propone el educador. Todo esto hace que a las personas también les resulte difícil incorporarse comunitariamente.

Se pueden dar en esta línea traumas de orden francamente patológico, que, si es el caso, deben ser tratados por un psicólogo o por un psiquiatra. Aquí se hace referencia a vivencias comunes en un buen número de personas, debido a realidades que hoy se dan a causa de la carencia de vivencias positivas de hogar, por la disolución de la familia o por el tipo de cultura competitiva en el que se vive, etc.

2. La humildad

Pocas virtudes han caído tanto en el descrédito como sucede hoy con la humildad. Es común que en pedagogía se hable del cultivo del amor, pero poco o nada se habla del cultivo de la virtud de la humildad.

El término mismo ha llegado a ser sinónimo de complejo de inferioridad, de una actitud que parece solazarse en la propia miseria. Desgraciadamente mucho se predicó y se practicó en el pasado la humildad como desprecio de sí mismo, como un confesar ser "nada y pecado".

Pero la verdadera humildad no consiste en eso. La verdadera humildad es aquella que proclama el Evangelio, que llama bienaventurados a los "pobres de espíritu" y que plantea como condición para entrar en el Reino de los cielos, "ser como los niños".

Humildad, afirma Teresa de Ávila, es verdad y justicia. Es autenticidad. Es la capacidad de aceptarse a sí mismo, desprendiéndose de las máscaras que pretenden cubrir nuestra verdadera faz, a fin de ser admirados y respetados por los demás.

Lo que está en juego es nuestra autovaloración, nuestra libertad, paz y alegría interiores.

La carencia de humildad, lleva a que la persona sienta que las experiencias de sus limitaciones, imperfecciones y fallas, etc., juegan en su contra. Por eso aparece la tendencia a echarles tierra encima, a ponerse máscaras, disimulando ser lo que no es, o la tendencia a jugar roles que "resguarden su propia imagen". En otros casos, a buscar todo tipo de compensaciones que permitan sentirse mejor, aunque sea efímeramente.

Cuando el instinto del valer esta herido, se tiende a esconder las fallas, se exalta los logros, a veces, hasta lo increíble; se quiere aparecer como alguien recto, eficaz, siempre confiable. O bien, se critica y se habla mal de quienes consideramos como una "competencia" o amenaza. Se les desacredita y se busca opacar su honra para aparecer en el escenario o sobre el pedestal.

Todo esto trae como consecuencia el vivir en constante tensión interior. Por eso se busca todo tipo de compensaciones psicológicas: en el sexo, en el alcohol, en las drogas, en el trabajo frenético, etc. O bien se cae en la depresión y la amargura, en el profundo descontento de ser quien se es: la persona se siente lo último de este mundo. Y así ciertamente es difícil abrirse a los más altos ideales.

Cuán difícil y doloroso es constatar que se ha caído "culpablemente", es decir, no sólo por una debilidad o carencia determinada, sino porque se ha transgredido lo que se sabe –y la conciencia lo acusa– era lo correcto, lo que había que haber hecho. La culpa no reconocida y no confesada enferma psicológicamente, por más que se recurra a todo tipo de disculpas.

El ansia de ser valorados a como venga, lleva en otros casos a tratar de subyugar a los demás, sobre todo cuando se detenta algún tipo de autoridad. La sujeción y la "obediencia" de pupilos o discípulos, dan prestigio y hacen sentirse importantes o indispensables.

Toda esta carencia de aceptación de sí mismo e incapacidad de sobrellevar y encauzar positivamente la experiencia de limitación, pobreza, culpa y pequeñez, que daña nuestro amor propio y nos hace sentirnos desvalorados, conducen al entrabamiento psicológico señalado anteriormente.

La humildad es justamente la actitud de alma que evita toda esta maraña de reacciones y trabas que nos quitan la libertad interior y crean en nuestro interior un ambiente carente de alegría y paz verdadera.

La humildad nos permite aceptarnos tal como somos, con nuestras virtudes y carencias. Es la virtud de la autenticidad. Es el recto "amor a sí mismo" que, como indicamos más arriba, normalmente requiere contar con la experiencia de ser acogidos por alguien que nos ama y nos acepta tal cual somos: la autovaloración no se logra simplemente a fuerza de voluntad y de un cierto auto-convencimiento de que somos valiosos.

El educador debería poseer el arte de captar el desvalimiento y miseria de quienes tiene a su cargo. Su tarea primaria, en este sentido, consiste en proporcionar la experiencia de ser acogidos y valorados. Lo hace creando un ambiente apto, donde se cultivan vínculos personales sanos. Y, por otra parte, enseñándoles a "elaborar" la propia pobreza y limitación, a no esconderlas ni caer en la depresión o en las compensaciones.

Este término "elaborar" es clave en la enseñanza kentenijiana. Tenemos que aprender, afirma el P. Kentenich, a "digerir" todas esas experiencias negativas, ya que de otra forma nos enfermamos psíquica y corporalmente. Toda tentativa de "reprimir" e inhibir los sentimientos negativos hacia sí mismo es nociva. Es preciso asumir con verdad y autenticidad la propia pequeñez y miseria, descubriendo qué hay de positivo en ella, a qué nos llama y qué tareas nos plantea.

Y, al mismo tiempo, se debe considerar esa experiencia viéndola en el contexto total de nuestra persona que, sin duda, posee cualidades y talentos que nos dignifican. Nadie está demás; nadie sobra en este mundo, toda persona en digna en sí misma.

El educador posee la importante tarea de conducir a los suyos por esta senda de liberación personal. Por su ser y su palabra abre su mente y su corazón, enseñándoles a saber enfrentar y asimilar su realidad, dando un sentido positivo a las experiencias de la fragilidad y carencias personales.[13]

3. Un ambiente pedagógico positivo

Como educadores debemos considerar que el educando, hijo de nuestro tiempo, para madurar y desarrollar su personalidad, requiere ser introducido en un "ambiente pedagógico positivo", es decir, en un mundo de vínculos que le permita crecer e integrarse positivamente en la comunidad.

---

13 Se puede ver más al respecto en el libro *El Aire que Respiro*, publicado en Editorial Nueva Patris.

Este ambiente está dado por la "tríada pedagógica" a la cual se hizo referencia anteriormente, que comprende una pedagogía del ideal, de vinculaciones y de la alianza.

La gran mayoría de las tensiones y bloqueos psicológicos en el hombre actual provienen de lo que el P. Kentenich denomina "disolución del organismo natural y sobrenatural de vinculaciones". Con ello se refiere al daño profundo que padece el hombre actual por la carencia de vínculos afectivos. Suele decir que el hombre de nuestro tiempo es un "faquir" en el mundo del amor.

Los educandos antes que nada necesitan saberse aceptados por alguien, para poder aceptarse a sí mismos y, en la perspectiva religiosa, para lograr abrirse interiormente a una relación filial con Dios. Nuestra experiencia de pequeñez debe convertirse en trampolín para lanzarnos en el mar de la misericordia divina.

María adquiere en este camino un lugar especialísimo como Madre y Reina de misericordia y como sacramento del amor maternal de Dios. Sin ella, la persona difícilmente lograría reconciliarse consigo misma y ser libre para darse.

El volumen siguiente de esta colección abordará ampliamente el tema de la pedagogía de las vinculaciones.

EJEMPLOS DE EDUCACIÓN SEGÚN LA PEDAGOGÍA DEL IDEAL

1. En el período de la fundación de Schoenstatt

Complementaremos lo expuesto anteriormente sobre la pedagogía del ideal en general, citando dos relatos del P. Kentenich en los cuales se puede apreciar su estilo de conducción y motivación por ideales. El primero se sitúa en el período de fundación del Movimiento de Schoenstatt (1914).

En este día, además de la alegría, también un sentimiento de santo orgullo hace palpitar más fuertemente nuestros corazones, porque la capillita, que se hallaba desde tiempos inmemoriales más o menos abandonada, desmantelada y vacía, ha sido restaurada por nosotros, y por iniciativa nuestra dedicada a la Santísima Virgen. Por lo menos, desde que habitan y trabajan aquí los palotinos, no han lucido estas paredes adorno más bello que hoy. ¿Podemos acaso encontrar en este feliz acontecimiento *un presagio favorable del futuro desarrollo de nuestra joven Congregación?*

¡Sin duda! *Sería una obra sublime, digna del esfuerzo y de la actividad de los mejores, si nosotros, los congregantes, lográsemos introducir en nuestro internado un ardiente amor a María, y una intensa aspiración a la virtud en los estudiantes, como no lo hubo jamás aquí.*

Pero, ¿por qué me expreso con tanta timidez y reserva? ¿Acaso he perdido la confianza en ustedes? Cierto es que sólo quedan las ruinas de nuestra floreciente Congregación. Pero, de las ruinas brotará pronto nueva vida. Garantía de ello es para mí la fiel cooperación de ustedes durante el año pasado y el auténtico espíritu mariano que han adquirido. Puede ser que durante las vacaciones, bajo el humo y el polvo de la vida diaria, se hayan desvanecido algunos ideales, que uno u otro propósito formulado en el curso del año y que hemos tenido por invariable, no haya resistido la prueba en la vida práctica. *Pero una cosa nos ha quedado -estoy seguro de ello- y ésta es la convicción de que la auténtica grandeza moral y religiosa, según el estado de cada cual, es inseparable de un verdadero congregante.* Y hoy día, lo mismo que a fines del último año escolar, *nos anima la voluntad de triunfar, de realizar el ideal de nuestra Congregación. No, mis queridos congregantes, no he perdido la confianza en ustedes. Sé que construyendo sobre lo que hemos alcanzado hasta ahora, haremos grandes progresos en este año, tal como nos lo habíamos propuesto el año pasado. (...)*

Este desarrollo lento de nuestra gracia vocacional y el mayor grado de espíritu religioso y apostólico originado por este desarrollo no es, sin embargo, lo que quisiera proponerles como meta. *Mi exigencia se refiere a algo incomparablemente superior: cada uno de nosotros ha de alcanzar el mayor grado posible de perfección y santidad, según su estado. No simplemente lo grande, ni algo más grande, sino precisamente lo más excelso ha de ser el objeto de nuestros esfuerzos intensificados. Ustedes comprenderán que me atrevo a formular una exigencia tan extraordinaria sólo en forma de un modesto deseo.*

2. Durante el año 1949

Recogemos otro ejemplo, esta vez del momento en que el fundador de Schoenstatt encomienda una misión especial a los suyos. Los pasajes citados están tomados de una plática dada el 31 de Mayo de 1949, en el santuario de Bellavista, Chile. Encontramos algo muy semejante a lo citado anteriormente:

¿Será acaso un don que nos hace en pago, un reconocimiento y un honor para nosotros, si

creemos que ella nos quiere usar desde acá, a partir de este día, para ganar una influencia más poderosa en la forjación de los destinos de la Iglesia en el espacio cultural de Occidente?

La Santísima Virgen tiene una gran tarea frente al Occidente. Una vez que me hizo comprender esto, me pidió que yo también le entregase todo. (...)

Hace poco señalaba la gran tarea que tenemos aquí en Chile como pequeña Familia. Sin embargo, el motivo que nos reúne hoy en esta tarde, indica que el Padre Dios nos ha confiado una gran tarea para todo el mundo, especialmente para Europa, para el Occidente. (...)

¡Ustedes, a su manera, pueden ayudarme a llevar la responsabilidad y compartir la misión de la Familia.

Vemos cómo Occidente camina a la ruina y creemos que estamos llamados desde aquí a realizar un trabajo de salvataje, de construcción y de edificación. Creemos que tenemos que ofrecernos como instrumentos para impulsar una contra-corriente que vuelva a los países de los cuales también nosotros hemos sido abundantemente beneficiados.

El P. Kentenich señala ideales, grandes tareas, una misión que va más allá de las fuerzas humanas. Él mismo se siente comprometido por entero e invita a los suyos a abrazar con él la misión que María le ha confiado.

En esto sigue al Señor que invita nada menos que a ser perfectos como el Padre celestial es perfecto (Cf Mt. 5, 48), que sube las exigencias de la ley a una altura superior. O como apreciamos en la invitación que hace al joven rico: "Si quieres ser perfecto, entonces…"

Es el mismo espíritu que animó a quienes se sentían llamados a ingresar en la Compañía de Jesús: *"ad maiora natus sum"*, ("he nacido para cosas más grandes"). La premisa de selección de Ignacio para los que querían ingresar a la Compañía de Jesús era que entraban aquellos *"quae insignes esse volunt"* ("que quieren la excelencia").

3. Un idealismo a toda prueba

En uno de sus escritos del campo de concentración de Dachau, *La Piedad Instrumental Mariana*, el fundador de Schoenstatt precave de caer en una falsa madurez, que deja de aspirar a las estrellas y abandona los ideales que los inspiraron en la juventud. Cita y comenta en un pasaje a Albert Schweitzer. Señala en él, en primer lugar, que nuestro espíritu idealista y magnánimo se inspira en la imagen de María:

> Un examen de conciencia honesto acerca de la relación entre ideal y realidad muestra qué grande es la brecha que se abre entre uno y otra, qué poco hemos superado en nosotros a

"Eva", y nos hace reconocer, avergonzados: *"El que soy saluda con tristeza al que debería ser".*

No obstante, la gratitud y la veracidad nos obligan a no perder de vista la imagen de María que se desarrolla y crece en nosotros. Para mencionar algunos de esos rasgos suyos, *que nos alegran y nos incitan a seguir aspirando al ideal con fidelidad y firmeza, destaco lo siguiente: nuestra permanente capacidad de entusiasmo por todo lo grande según en la mirada de Dios (...)*

(La Santísima Virgen) tiene el carisma de difundir a su alrededor una atmósfera pura, sobrenatural, ideal, a fin de mantenernos eternamente jóvenes y frescos, maleables y abiertos, para darnos un fino olfato para todo lo auténtico, para todo lo grande según la mirada de Dios, para conservar ideales, para fortalecerlos y hacerlos actuar en nosotros. *Éste es el mundo en el que vivimos con naturalidad y alegría, y que consideramos tan obvio.*

El fundador llama a no dar lugar a ese espíritu pusilánime, que aflora en muchos a causa de los desengaños que se sufren o que se originan por la experiencia de las propias claudicaciones personales. Se refiere a aquellos que llaman a "ser sensatos", que hay que dejar de soñar con ideales no alcanzables:

No obstante, las cosas podrían ser totalmente diferentes... Ya no somos como éramos ayer, no nos sentimos ni nos damos más como soñadores juveniles, ajenos al mundo. El tiempo y la vida han sacudido rudamente los pilares de nuestro cuerpo y nuestra alma. *¡A cuántos de los que comenzaron con nosotros el vuelo hacia lo alto, se les quebraron entretanto las alas! Cansados y decepcionados, ellos repiten la frase del poeta: "Los soles de la vida que alumbraron mis sendas juveniles se han extinguido; los ideales que henchían una vez el embriagado corazón se han desvanecido".*

Escuchan incrédulos la buena nueva de la pedagogía de ideales que nos ha conducido a través de todas las dificultades de la vida como una santa estrella de los Reyes Magos. Lo que con tanto ardor anhelaron y a lo que aspiraron junto con nosotros en los años de juventud, lo contemplan hoy con una sonrisa, sabedores y maduros como han llegado a ser: lo rechazan y desechan como una ilusión irreal, como una quimera, como un castillo en el aire, como el contenido de una euforia enfermiza del corazón. Pero con ello documentan su escaso saber, su empedernida inmadurez, su bancarrota moral y el derrumbe de su carácter. El lugar de la pedagogía de ideales pasa a ocuparlo para ellos una ambigua pedagogía de ídolos.

Un fino observador de la vida (Albert Schweitzer) describe de forma clásica la situación de la que aquí se trata:

> La expresión 'maduro', aplicada al ser humano, ha sido y sigue siendo todavía para mí algo inquietante. Al escucharla, oigo resonar como disonancias las palabras empobrecimiento, atrofia, pérdida de sensibilidad. Lo que habi-

tualmente se presenta ante nuestra mirada como madurez en una persona es una resignada razonabilidad. Unos la adquieren siguiendo el modelo de otros mientras abandonan, una tras otra, las ideas y convicciones que les fueron caras en la juventud. Creían en la victoria de la verdad, pero ya no. Creían en los hombres, pero ya no. Creían en el bien, pero ya no. Se consumían de celo por la justicia, pero ya no. Confiaban en el poder y la validez del espíritu conciliador, pero ya no. Podían entusiasmarse, pero ya no. Para poder navegar mejor, en medio de las vicisitudes y borrascas de la vida, aligeraron su navío. Arrojaron bienes que consideraron prescindibles. Pero de lo que se desembarazaron fueron las provisiones de alimento y de agua. Ahora navegan más aligerados, pero, como seres humanos, languidecen.

En mi juventud escuché conversaciones de adultos que me transmitían una tristeza que me oprimía el corazón. Ellos recordaban el idealismo y la capacidad de entusiasmo de su juventud como algo precioso que se debería haber conservado. Pero, al mismo tiempo, consideraban como una suerte de ley natural el que no fuese posible. Fue así como me dio miedo tener que mirar, también yo alguna vez con tristeza, hacia el pasado. Por eso decidí no someterme a ese trágico volverse "razonable". Y lo que me juré en casi adolescente terquedad, he tratado de llevarlo a cabo". (...)

La convicción de que en la vida tenemos que luchar por seguir pensando y sintiendo como lo hacíamos en la juventud, me ha acompañado en mi camino como un fiel consejero. Instintivamente me he resistido a convertirme en lo que habitualmente se entiende por un hombre maduro". (...)

Todos debemos estar preparados para que la vida quiera arrebatarnos la fe en el bien y la verdad y el entusiasmo por esos valores. Pero es preciso que no los abandonemos. El hecho de que, habitualmente, los ideales se vean sofocados por los hechos, cuando se enfrentan con la realidad, no significa que deban capitular desde el principio ante los hechos, sino sólo que nuestros ideales no son lo suficientemente fuertes".

Continúa ahora el P. Kentenich:

Estas palabras han sido escritas leyéndonos el alma, pues nosotros hemos llevado nuestros ideales juveniles con toda su frescura hasta la edad adulta, hemos permanecido lozanos e interiormente jóvenes. Nos alegramos del florecimiento de nuestra juventud y apoyamos con la palabra y el ejemplo su idealismo y optimismo lleno de frescura. Jóvenes y viejos nos orientamos invariablemente por el ideal de la "altera Maria" (ser "otra María", asemejarnos a ella).

La juventud lo hace sin conocer los escollos de la vida. Nosotros, los que ya somos mayores, nos entusiasmamos por ellos a pesar o, mejor dicho, justamente a raíz de que hemos experimentado tan dolorosamente nuestros límites y debilidades en la seria lucha de la vida. Aunque los ideales no hayan formado aún suficientemente nuestra vida personal, estamos muy lejos de recortarlos, de dejar que se vayan desintegrando o de nivelarlos a la vida.

No son los ideales el objeto de nuestra acusación porque hayan sido demasiado poco resistentes o poco capaces de formarnos, sino nosotros mismos, porque todavía es demasiado poco lo que los hemos dejado penetrar en nuestro interior: el ideal objetivo de la Familia no se ha tornado aún de forma perfecta en nuestro ideal personal. Por eso no volvemos la espalda al ideal, no lo decoloramos ni lo falseamos sino que dejamos que se irradie cada día de nuevo en nuestra alma, con la fuerza de su luz y su calor de modo que podamos decir, con el salmista: "Dixi, nunc coepi ("Dije: ahora, comienzo").

Es decir que nuestra concentración en el hoy vale también para nuestra pedagogía de ideales. Éste es el secreto de nuestra eterna juventud, de nuestra maleabilidad y nuestra apertura para todo lo noble, grande, bueno y bello así como de nuestra alegre labor de construcción en un tiempo que deja en todas partes un rastro de ruinas y añicos y se entrega, embotado, a su destino. (...) Conservamos el ánimo para comenzar cada día de nuevo con dinamismo juvenil y extender los brazos hacia las estrellas. Así nos encontramos constantemente bajo la influencia de las leyes del progreso de la vida espiritual. Día a día, asemejamos de nuevo nuestro ser y nuestra vida a la imagen ideal de la "altera Maria" y, a pesar de todos los obstáculos, nos convertimos cada vez más en una aparición de María, por lo menos en pequeño.

¡Que este precioso regalo de la lozanía juvenil, tal como lo exige nuestra pedagogía de ideales, le sea preservado a la Familia como valiosa herencia para todos los tiempos! Mientras la idea del instrumento mariano despliegue entre nosotros su fuerza formativa como hemos expuesto, no tenemos por qué preocuparnos por ello. La fidelidad a la pedagogía de ideales y la fidelidad a la idea del instrumento mariano se condicionan, exigen, fomentan y aseguran mutuamente.

El gran secreto es caminar –cita nuevamente a Albert Schweitzer– por la vida como un hombre no desgastado. (...) El saber acerca de la vida que los adultos debemos transmitir a los jóvenes no reza, pues: 'La vida ya diezmará vuestros ideales' sino 'compenetraos con vuestros ideales de modo que la vida no os los pueda arrebatar'. Si los hombres llegaran a ser lo que son cuando tienen catorce años, ¡qué diferente sería el mundo!"

ELABORACIÓN DE LAS EXPERIENCIAS NO DIGERIDAS

Después de lo expuesto es más fácil comprender por qué el P. Kentenich da tanta importancia al cultivo de la humildad en la pedagogía del ideal. Citaremos ahora un extenso pasaje de una conferencia dada en la *Jornada Pedagógica* de 1951, donde aborda más extensamente la importancia de "elaborar las experiencias no digeridas". Nos entrega en ella una gran sabiduría pedagógica, de extraordinaria importancia para la educación del hombre actual.[14]

Explica el fundador de Schoenstatt:

Pedagogía de humildad: es lo contrario de la pedagogía de arrogancia y de complejos de

---

14 Esta jornada fue editada bajo el título *Que Surja el Hombre Nuevo*, por editorial Schoenstatt. La traducción que aquí ofrecemos es diversa.

inferioridad. Estoy convencido de que una gran parte de las patologías corporales y psíquicas que sufre el hombre de hoy, provienen de la falta de cultivo de una verdadera y auténtica humildad y de la incapacidad de reconocer la culpa y la debilidad.

En efecto, ya no se comprenden ni admiten culpas ni debilidades, lo cual se constituye en una de las causas esenciales de las afecciones psíquicas que se observan actualmente a escala mundial. Si consultamos a los psicoterapeutas y recurrimos a los medios que nos brindan constataremos que ellos también proponen el reconocimiento de la culpa y de la debilidad como una manera de fortalecer a toda la persona, incluso a nivel corporal, ahorrando así mucho dinero en médicos.

El hombre actual (al apartarse de Dios) se ha apartado totalmente del orden objetivo del ser; y ese alejamiento del orden de ser lo deja librado a merced de las tormentas que se abaten en nuestros días.

Cité unas palabras del psicólogo Schottländer. Basado en una amplia experiencia profesional, este autor nos dice que en el origen de toda una serie de neurosis del hombre de hoy, se halla el hecho de que éste no pueda "digerir" las siguientes realidades: que tiene un cuerpo y por lo tanto limitaciones propias de la corporeidad; que es un ser sexuado, vale decir, que no es perfecto en sí mismo sino que necesita de otro para complementarse; que es un ser comunitario y, por lo tanto, dependiente de otros (...)

¿Qué decirles en este campo? La culpa y la debilidad no comprendidas ni admitidas se convierten en caldo de cultivo de muchas enfermedades físicas y psíquicas. La virtud que opera la sanación en esta área fue llamada por los antiguos "humilitas", humildad. (...)

La clave de la humildad reside en una correcta autovaloración.

El P. Kentenich se detiene en esta conferencia en diversos aspectos que acusa la psique del hombre actual, los cuales dificultan la labor pedagógica que el educador debe asumir como tarea. Se trata de visualizar correctamente lo que sucede al interior de la persona y de responder adecuadamente destrabando los nudos conflictivos que endurecen el alma y la traban, impidiendo o perturbando un crecimiento y desarrollo sano.

En la *Jornada Pedagógica de 1951* que citamos, el P. Kentenich se refiere especialmente las "represiones" psicológicas, las "compensaciones" y la "culpa no reconocida". Muestra cómo se originan estas realidades psicológicas, el daño que generan y cómo encuentran una solución positiva.

La represión

Este fenómeno puede ocurrir cuando en alguno de los estratos (cuerpo, alma, espíritu), se origina alguna moción, por ejemplo, a nivel corporal. Por lo común se piensa que las represiones se dan exclusivamente en el área de lo sexual, lo cual es falso.

En cualquiera de los tres estratos: cuerpo, alma y espíritu, se puede producir un cierto bloqueo y con ello una represión. El estrato donde se ha producido el bloqueo entra entonces en estado de permanente alarma. Si se trata del cuerpo, los problemas girarán especialmente en torno de la sexualidad. A nivel psicológico, las represiones se dan en el área de las mociones afectivas. Hay que controlar estas mociones de la afectividad y ennoblecerlas. De lo contrario impedirán el proceso de maduración personal y por eso hallamos después personas que parecen no tener afectos; pero en realidad, sus afectos simplemente están reprimidos, lo que acarrea una serie de patologías y desviaciones en su desarrollo normal.

También se detectan represiones a nivel espiritual, especialmente en el área de la religiosidad. A su vez, la tendencia del ser humano hacia lo religioso puede verse sometido a presiones que pretenden apartarlo de su objetivo original: la persona de Dios.

Un afecto reprimido es fuente de perpetua inquietud del individuo afectado por este problema: no llegará nunca a tener una personalidad sólida. Por otra parte, quien ha desechado a Dios arrastrará una existencia oscura y será víctima de distintas obsesiones. Por ejemplo, el hombre "económico" adorará el dinero, el "intelectual" idolatrará la inteligencia, etc.

Vale la pena detenerse un poco en el examen de estas desviaciones del desarrollo normal. Tomen, por ejemplo el caso de la sexualidad, los afectos o la religiosidad. ¿Cómo se produce en ellos una represión?

Uno de esos niveles se bloquea generando defensas contra otro nivel. Dicho en otras palabras: un proceso vital de un estrato determinado se bloquea, generando defensas contra otro estrato, produciendo en la persona un estado de fuerte ansiedad que, su vez, deriva en tensión y alarma continua. Así, pues, el individuo se sentirá en permanente conflicto.

¿Cuándo se genera un "estado de alarma"? Cuando uno de esos estratos reprime o sofoca algo de otro estrato y el afecto reprimido puja por liberarse.

Tomemos el ejemplo de las mociones afectivas. El ser humano tiene la capacidad de desarrollar su afectividad. Si no lo hace, bloqueará y reprimirá dichos afectos, los que por su parte, no aceptan la represión y pujan por liberarse, generando un estado de inquietud y ansiedad.

Nosotros, los pedagogos que estamos abocados a la educación del hombre de hoy, debemos conocer estos procesos para actuar con seguridad. Si nos falta conocimiento y seguridad, aplicaremos mal los principios tradicionales del catolicismo y en *vez de educar santos formaremos personas histéricas*. Hay que ser un poco "especialistas" en esta área o, al menos, dueños de una cierta seguridad en la labor educativa, porque ambas cosas son decisivas no sólo en la tarea de educar a los jóvenes, sean varones o mujeres.

Les repito que eviten las represiones. En cuanto a las mociones afectivas, ¿se puede hablar de "dominar"? No; la idea en este campo es más bien la siguiente: *la obra maestra de la educación es lograr un encauzamiento adecuado de los afectos. Hay que "desbloquear" los niveles "bloqueados" de la persona.*

Consideremos el ejemplo de una persona que experimenta una moción afectiva de índole sexual y la reprime llevada por la ansiedad que se genera en ella al pensar: Mi voluntad podría ceder, podría ceder, podría ceder..." Fíjense cuán importante es "encauzar" la represión; por un lado, tomar las riendas de los instintos y, por otro, hacerle lugar a las restantes dimensiones del ser humano como lo espiritual, la dimensión del espíritu de filiación divina. Actuando así, en el momento de ansiedad experimentaremos de todos modos nuestra limitación, pero la interpretaremos a la luz de la filiación divina: "Soy hijo de Dios y Dios quiere que yo esté sujeto a él. Por eso, sencillamente me arrojaré en sus brazos". De esta manera "dominaremos" la moción afectiva no oprimiéndola sino encauzándola hacia lo alto. Prescindamos de represiones; pero si a pesar de todo, nos vemos desbordados por represiones, utilicémoslas para desarrollar la personalidad según lo que veíamos más arriba.

El pensamiento central que venimos destacando día a día es el del heroísmo de la infancia espiritual o bien, la genialidad de la ingenuidad. Necesitamos una extraordinaria genialidad para madurar interiormente y sortear las dificultades que se nos presenten. Naturalmente, esa genialidad de la ingenuidad nos exige en muchísimos casos, arriesgar saltos mortales, en especial cuando un bloqueo afectivo ha degenerado en neurosis. En tales situaciones, sólo un salto mortal en los brazos de Dios nos podrá salvar.

Las compensaciones

Compensar es de alguna manera equilibrar. La represión y la compensación se condicionan mutuamente. La compensación supone también la aparición de una moción en uno de los niveles del ser humano. Pero la persona afectada por esa moción no tiene el coraje de encauzarla en beneficio de su propia maduración.

¿Qué hace entonces? Se vuelve mezquina y rígida. Por ejemplo, existe una reglamentación en la comunidad que no podemos interpretar ni vivir correctamente. ¿Qué hacemos entonces? Nos aferramos obsesivamente a la letra de su texto. ¿Por qué actuamos así? Porque no logramos dominar los afectos que nos están de desbordando interiormente. Establecemos, entonces, un equilibrio, pero no encauzamos hacia lo alto los afectos latentes en lo más hondo de nuestra personalidad para que así maduren en plenitud.

Cuando encuentren gente que se adhiere obsesivamente a una forma, constatarán que esa actitud es, a menudo, una compensación de la incapacidad de madurar como persona. Cuando la naturaleza humana experimenta en alguno de sus niveles que hay mociones que podrían inducirla a faltas se aferra entonces compulsivamente a un reglamento. Otros recurren a esta misma actitud por incapacidad de asumir adecuadamente todo el organismo de vinculaciones. En resumen, nuestra naturaleza humana se vale de tales maniobras para asegurarse, para obtener una protección.

Sería muy útil que ustedes tuviesen un panorama integral del organismo de vinculaciones. ¡Cuán pocos son los que tienen una vivencia sana del organismo de vinculaciones! Hay quienes se fijan neuróticamente en ciertas ideas, o bien desarrollan obsesiones o, por último, se apegan compulsivamente a determinadas formas. ¡Qué importancia cobra hoy el organismo de vinculaciones y la pedagogía de vinculaciones! Quien los ignore incurrirá en errores tanto en la autoeducación como en la educación de los demás.

La culpa no reconocida ni elaborada

De esta manera retornamos al punto de partida, en el cual se recapitula toda nuestra reflexión: la culpa y la debilidad no admitidas ni asumidas constituyen una tercera causa de las anomalías en el desarrollo de la personalidad. Recordemos en este sentido, algo que nos dice la Iglesia y que reviste la calidad de dogma: el ser humano no puede evitar el pecado sin el auxilio de la gracia.

Cuando hablamos de culpa estamos aludiendo al pecado; cuando hablamos de debilidad estamos aludiendo a imperfecciones ligadas a nuestra naturaleza y al proceso de maduración personal.

Decíamos que hay culpa y debilidad no asumidas. La causa de la culpa y de la debilidad es el pecado original. Es insensato pretender quedar exento de toda falta, culpa o debilidad. Por supuesto, nuestra intención es evitarlos, pero nunca lo lograremos solos. Quien se sienta libre de pecado es hipócrita hasta la médula, ya que aun el justo cae siete veces[15]. En la parábola del administrador infiel, Jesús nos explica el sentido de la culpa y del pecado. Este administrador hace venir a sus deudores. Uno de ellos le debe cien medidas de aceite, el otro cien cargas de trigo. A ambos se les perdonan sus deudas... ¿Quién lo amará más? Aquel a quien le fue perdonado más.[16]

El sentido de la culpa y del pecado es desarrollar una fuerte conciencia de nuestra dependencia de Dios. Esa es la verdadera religión; el vocablo "religión" proviene justamente del latín

---

15 Prov 24, 16.

16 Cf Lc 16, 5s y Lc 7, 41 ss.

"religare", restablecer los lazos con Dios. El sentido de nuestras faltas es crecer sin límites en un amor a Dios verdadero y auténtico. Oh, felix culpa! ¡Oh, culpa feliz! (Pregón Pascual). De ahí la importancia de hacer una correcta evaluación de las faltas. Nuestro ideal no es vivir "de punta en blanco", sino vivir en dependencia de Dios.

Consideremos ahora la visión que tiene de este punto san Pablo, gran metafísico y teólogo. Al contemplar tanto el pecado de su propio pueblo cuanto los de todo el mundo, se plantea la siguiente pregunta: ¿Por qué Dios ha elegido un orden de cosas como éste, en el cual el hombre peca? ¿No podría haber diseñado la realidad de otra manera? Ya conocemos la respuesta: Dios eligió este orden de cosas para poder manifestar su misericordia a los hombres (Cf. Rm 11, 32). El sentido de la culpa no es el bloqueo enfermizo sino el crecimiento de los distintos niveles del ser humano en todos los mil grados y alturas de un amor a Dios auténtico y verdadero.

Nosotros, hombres de hoy, estamos enfermos, y nuestras enfermedades tienden a agravarse más. Precisamente por eso hay que contar con que cuanto más entremos en contacto con el mundo sin Dios de nuestro tiempo, tanto más incurriremos en faltas y acrecentaremos nuestras culpas. No nos libraremos de esta realidad; de ahí la gran importancia de captar profundamente el sentido de la culpa.

Quien a toda costa quiera mantenerse de "punta en blanco", generará una tendencia a reprimir o bien, a buscar compensaciones. Si concentro todas mis fuerzas en no permitir la más mínima mancha en mi "blancura" personal, no seremos hombres religiosos, no profundizaremos en la verdadera religiosidad.

Dios quiere que dependamos de él. Por lo común, si no cometemos "tonterías" no desarrollamos esa actitud de dependencia de Dios. Por supuesto, nosotros nos esforzaremos en no cometerlas; pero no esgrimamos argumentos como: "No; de ninguna manera cometeré yo una tontería". Así suelen hablar los que se apegan enfermizamente a la letra, los rigoristas que reprimen la verdadera religiosidad, los se sienten bien y quieren quedarse en el mundo de las reglamentaciones éticas. No caigamos en tales actitudes; Dios quiere que nuestros tres niveles se encaucen hacia lo religioso, hacia él mismo.

El sentido de la culpa es y sigue siendo el crecimiento infinito en el amor. Con el tiempo iremos comprendiendo mejor lo que decía San Bernardo al afirmar que la medida del amor de Dios no tiene medida. El medio más valioso para crecer elevándonos hacia Dios es, precisamente, nuestra miseria y debilidad. ¡Cuán grande es el hombre capaz de repetirse: "Dios me ama a causa de mis faltas: porque soy pequeño y no a pesar de ser pequeño"!

Conocemos la gran ley: *Opera Dei ex nihilo* (Dios realiza sus obras de la nada). Hay que tomar en serio esta ley. Dios ama la nada, busca también lo que es nada a nivel moral y trabaja con ella. Les repito: "Porque somos pequeños" y no simplemente "a pesar de" que somos pequeños. Reconozcamos nuestro desvalimiento y, con él, nuestra dependencia de Dios y la necesidad de estar unidos a él. He aquí el sentido más hondo de todo lo que estamos diciendo.

Si logramos hacer realidad en nosotros este proceso de vida, iremos creciendo con el tiempo hasta alcanzar el grado en el que podamos decir: "porque somos pequeños". Entonces nuestra pequeñez, nuestra condición de criaturas que cometen faltas y pecados, más aún, esa debilidad última de nuestro ser sobre cuyo fondo se perfilan faltas y pecados, será para nosotros como un título que nos dé derecho a la misericordia divina.

Así debe ser la piedad del hombre de hoy... medítenlo. El hombre de nuestro tiempo y nosotros mismos, todos, estamos llamados a la santidad. En este contexto comprenderán mejor la gran misión de Santa Teresita del Niño Jesús y su buena nueva de la infancia espiritual

Hasta aquí hemos hablado sobre las culpas y debilidades no comprendidas por el hombre en su sentido cabal. Quien conozca un poco la psicología de la gente de hoy sabrá entonces que hay que reconocer y admitir las culpabilidades. En este punto se detectan muchas patologías, precisamente cuando el ser humano pretende arrebatar el cetro y decir: "Si hubiese dioses, ¿cómo podría soporta no ser yo uno de ellos?" (Nietzsche). En mayor o menor medida, este ateísmo está también en nosotros.

El hombre que no admite su propia culpa y debilidad no es sincero consigo mismo. Por supuesto, hay casos en los cuales la persona se halla sumida en una gran crisis interior y no es capaz de realizar tal discernimiento. Sea como fuere, la naturaleza del hombre de hoy conserva todavía suficiente sustancia sana como para luchar instintivamente contra el autoengaño. Por eso, ¡a quitarse las máscaras! ¡No insistir de ninguna manera en retocar u ocultar nuestras miserias! Para mantener la salud de nuestra naturaleza humana es necesario cultivar el sentido de la verdad y la justicia, admitir la culpa y la debilidad.

Muchos estados de histeria en personas de ambos sexos provienen de pretender ignorar, o bien, banalizar la propia debilidad y lanzarse así a la búsqueda de compensaciones. No lo permitamos; que la conciencia de la culpa no sea ocasión de patologías a nivel del cuerpo y del espíritu.

Recordemos lo que decía Rudolf Schottländer: ya el simple hecho de su limitación ontológica general le acarrea al individuo determinadas afecciones. En efecto, el hombre no puede soportar la realidad de que tiene un cuerpo y necesita un complemento porque es un ser comunitario y sexuado. Si su limitación ontológica le produce tales neurosis, ¡cuán grande será su confusión interior al no reconocer su culpa y miseria reales!

El hombre es una unidad de cuerpo y alma, en la que ambas dimensiones están mutuamente interrelacionadas. De ahí que cuando admite su debilidad a solas con su conciencia, deseará luego manifestarlo a los demás, se despertará en él el deseo de confesar lo que ha intuido como verdad.

Hay sacerdotes que al recibir a un penitente en tal situación, cometen terribles tonterías. Una de ellas es, por ejemplo, no comprender la necesidad de confesar sus debilidades que experimenta la persona que se acerca a ellos para confesarse. Y así le dicen entonces cosas como: "Esto y esto no es pecado; no hace falta que lo confiese".

¿Se dan cuenta de lo que esto significa para el hombre de nuestros días? La culpa le está corroyendo el alma y quiere confesarla; por eso no hay que despedirlo enseguida del confesionario con un escueto "Llévele algunas flores a los santos... ¡y listo!" Si conociesen en profundidad al hombre actual, verían que proceder así es una actitud muy superficial. Cuando una persona de corazón puro y noble experimenta la culpa, se siente impulsada a confesarla, vale decir, a admitirla, a decirla con sencillez.

El ser humano, y en especial la mujer, que posee una afectividad tan rica y está tan vinculada a la naturaleza, que no sólo experimenta una fuerte tendencia a reconocer la culpa delante de otra persona, sino también a expresar ese sentimiento de culpa mediante determinados gestos. Estas son cosas sobre las cuales hoy la gente se burla un poco. Sin embargo, en el área de las prácticas penitenciales, las órdenes religiosas han desarrollado toda una serie de gestos que tienen un hondo sentido. Lo importante es captar la esencia de los mismos. Los gestos simbolizan con mayor intensidad lo que nuestros labios no son capaces de expresar. Y cuando puedo realizarlos frente a una persona noble, ello se convierte en una experiencia que cala muy hondo. Nuestra pedagogía debe reparar en todos estos aspectos e ir a lo esencial.

LIBROS SOBRE PEDAGOGÍA DEL P. JOSÉ KENTENICH EN CASTELLANO

1. *Pedagogía schoenstattiana para la juventud. Líneas fundamentales. Jornada Pedagógica 1931*, Colección Grandes Jornadas, Ed. Patris, Buenos Aires, 1991.

2. *Educación mariana para el hombre de hoy. Jornada Pedagógica, 1934.* Colección Grandes Jornadas, Buenos Aires, 1994.

3. *Pedagogía para educadores católicos. Jornada Pedagógica,1950.* Colección Grandes Jornadas, Ed. Patris, Buenos Aires, 1955.

4. *Que surja el hombre nuevo, Jornada Pedagógica, 1951.* Editorial Schoenstatt, Chile, 2008.

5. *La educación en un cambio de época, Jornada Pedagógica, 1951*, Ed. Schoenstatt, Chile, 1993.

6. *María Educadora, Conferencias Pedagógicas 1952*, Ed. Schoenstatt, Chile, 1979.

7. *Textos Pedagógicos, José Kentenich, una presentación de su pensamiento en textos.* Tomo 5, Elaborado por Heriberto King, Ed. Nueva Patris, 2008.

8. *Mi filosofía de la educación*, Ed. Schoenstatt, Chile, 1985.

LIBROS SOBRE PEDAGOGÍA SCHOENSTATTIANA OTROS AUTORES EN CASTELLANO

1. P. Horacio Sosa, *El desafío de los valores – Aportes de J. Kentenich a la pedagogía actual*, Ed. Universidad Católica Argentina, 2000.

2. M. Beyle, *Educación según la espiritualidad de Schoenstatt*, Santiago, 1973.

3. Dorothea M. Schlickmann, *Tormentas de Otoño, 1912. Esbozo de la pedagogía del P: Kentenich*, Ed. Schoenstatt- Nazaret, 2012.

4. Heriberto King, *Kentenich: Una pedagogía para el hombre de hoy*, Cuadernos CPK 1, Fundacion en Alianza, Argentina.

5. P. Angel Strada, *Propuesta pedagógica, Cuadernos Pedagógicos 9*, Ed. Patris, Argentina, 1973.

6. P. Horacio Sosa Carbó, *El perfil del educador*, Ed. Patris, Argentina, 2006.

7. W. Paul Siegel, *Un educador profético. Fundamentos sicológicos de la pedagogía del P. Kentenich*, Ed. Patris, Santiago de Chile, 2000.

INDICE

www.ingramcontent.com/pod-product-compliance
Lightning Source LLC
Chambersburg PA
CBHW051439140726
47987CB00006B/2457